기본 연산
Check-Book

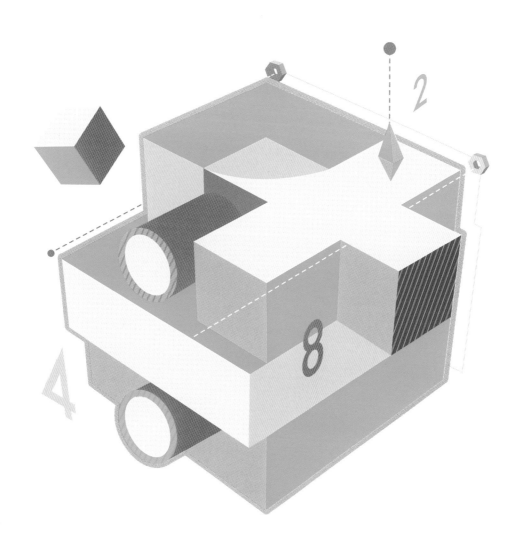

초등2  1호

두 자리 수와 한 자리 수의 덧셈과 뺄셈

NE 능률

❶ 37+4=

❷ 53+8=

❸ 29+3=

❹ 63+8=

❺ 24+7=

❻ 73+8=

❼ 84+7=

❽ 79+5=

❾ 43+9=

❿ 28+3=

⓫ 11+9=

⓬ 83+8=

⓭ 15+9=

⓮ 47+4=

⓯ 68+4=

⓰ 33+8=

⓱ 85+6=

⓲ 17+7=

⓳
$$\begin{array}{r} 5\ 8 \\ +\quad 3 \\ \hline \end{array}$$

⓴
$$\begin{array}{r} 8\ 6 \\ +\quad 5 \\ \hline \end{array}$$

㉑
$$\begin{array}{r} 3\ 4 \\ +\quad 7 \\ \hline \end{array}$$

㉒
$$\begin{array}{r} 6\ 7 \\ +\quad 6 \\ \hline \end{array}$$

㉓
$$\begin{array}{r} 7\ 5 \\ +\quad 8 \\ \hline \end{array}$$

㉔
$$\begin{array}{r} 1\ 4 \\ +\quad 6 \\ \hline \end{array}$$

㉕
$$\begin{array}{r} 4\ 6 \\ +\quad 5 \\ \hline \end{array}$$

㉖
$$\begin{array}{r} 8\ 7 \\ +\quad 9 \\ \hline \end{array}$$

㉗ 64+7= ☐   ㉘ 25+6= ☐   ㉙ 44+8= ☐

㉚ 54+8= ☐   ㉛ 32+9= ☐   ㉜ 89+3= ☐

㉝ 88+5= ☐   ㉞ 57+4= ☐   ㉟ 65+6= ☐

㊱ 13+8= ☐   ㊲ 74+7= ☐   ㊳ 27+5= ☐

㊴ 23+9= ☐   ㊵ 38+5= ☐   ㊶ 55+7= ☐

㊷ 19+6= ☐   ㊸ 78+3= ☐   ㊹ 81+9= ☐

㊺
```
   1 2
+    9
─────
```

㊻
```
   6 6
+    7
─────
```

㊼
```
   4 5
+    6
─────
```

㊽
```
   3 6
+    8
─────
```

㊾
```
   5 6
+    5
─────
```

㊿
```
   3 9
+    3
─────
```

51
```
   7 6
+    6
─────
```

52
```
   4 8
+    8
─────
```

❶ $82+\boxed{}=91$　　❷ $79+\boxed{}=82$　　❸ $19+\boxed{}=25$

❹ $56+\boxed{}=63$　　❺ $39+\boxed{}=44$　　❻ $24+\boxed{}=33$

❼ $27+\boxed{}=32$　　❽ $75+\boxed{}=82$　　❾ $14+\boxed{}=22$

❿ $66+\boxed{}=72$　　⓫ $58+\boxed{}=62$　　⓬ $89+\boxed{}=94$

⓭ $89+\boxed{}=93$　　⓮ $33+\boxed{}=41$　　⓯ $55+\boxed{}=63$

⓰ $45+\boxed{}=53$　　⓱ $26+\boxed{}=32$　　⓲ $65+\boxed{}=71$

⓳
$$\begin{array}{r} 1\ 2 \\ +\ \boxed{} \\ \hline 2\ 1 \end{array}$$

⓴
$$\begin{array}{r} 7\ 9 \\ +\ \boxed{} \\ \hline 8\ 7 \end{array}$$

㉑
$$\begin{array}{r} 2\ 5 \\ +\ \boxed{} \\ \hline 3\ 2 \end{array}$$

㉒
$$\begin{array}{r} 5\ 4 \\ +\ \boxed{} \\ \hline 6\ 2 \end{array}$$

㉓
$$\begin{array}{r} 3\ 4 \\ +\ \boxed{} \\ \hline 4\ 2 \end{array}$$

㉔
$$\begin{array}{r} 1\ 6 \\ +\ \boxed{} \\ \hline 2\ 5 \end{array}$$

㉕
$$\begin{array}{r} 2\ 9 \\ +\ \boxed{} \\ \hline 3\ 3 \end{array}$$

㉖
$$\begin{array}{r} 8\ 5 \\ +\ \boxed{} \\ \hline 9\ 2 \end{array}$$

㉗ $13+\boxed{}=22$　　㉘ $46+\boxed{}=51$　　㉙ $84+\boxed{}=92$

㉚ $67+\boxed{}=74$　　㉛ $77+\boxed{}=85$　　㉜ $44+\boxed{}=51$

㉝ $46+\boxed{}=52$　　㉞ $37+\boxed{}=44$　　㉟ $74+\boxed{}=82$

㊱ $37+\boxed{}=45$　　㊲ $49+\boxed{}=57$　　㊳ $29+\boxed{}=33$

㊴ $57+\boxed{}=62$　　㊵ $18+\boxed{}=25$　　㊶ $86+\boxed{}=92$

㊷ $39+\boxed{}=42$　　㊸ $69+\boxed{}=75$　　㊹ $48+\boxed{}=52$

㊺
$$\begin{array}{r} 6\ 4 \\ +\ \boxed{} \\ \hline 7\ 2 \end{array}$$

㊻
$$\begin{array}{r} 3\ 8 \\ +\ \boxed{} \\ \hline 4\ 2 \end{array}$$

㊼
$$\begin{array}{r} 6\ 7 \\ +\ \boxed{} \\ \hline 7\ 3 \end{array}$$

㊽
$$\begin{array}{r} 3\ 5 \\ +\ \boxed{} \\ \hline 4\ 2 \end{array}$$

㊾
$$\begin{array}{r} 8\ 7 \\ +\ \boxed{} \\ \hline 9\ 3 \end{array}$$

㊿
$$\begin{array}{r} 5\ 9 \\ +\ \boxed{} \\ \hline 6\ 2 \end{array}$$

�51
$$\begin{array}{r} 7\ 6 \\ +\ \boxed{} \\ \hline 8\ 3 \end{array}$$

�52
$$\begin{array}{r} 1\ 5 \\ +\ \boxed{} \\ \hline 2\ 0 \end{array}$$

자르는 선

세 수의 덧셈

❶ 24+7+4=☐

❷ 42+2+5=☐

❸ 33+4+9=☐

❹ 39+3+6=☐

❺ 53+5+3=☐

❻ 78+4+8=☐

❼ 82+3+2=☐

❽ 58+6+4=☐

❾ 17+5+8=☐

❿ 84+4+7=☐

⓫ 64+8+6=☐

⓬ 66+2+3=☐

⓭ 48+6+4=☐

⓮ 27+1+9=☐

⓯ 83+9+5=☐

⓰ 89+2+6=☐

⓱ 83+7+7=☐

⓲ 47+6+4=☐

⓳ 77+1+6=☐

⓴ 55+9+7=☐

㉑ 44+7+3=☐

㉒ 29+2+7=☐

㉓ 18+3+2=☐

㉔ 54+6+8=☐

㉕ 68+8+7=☐

㉖ 23+5+6=☐

㉗ 34+2+1=☐

㉘ 45+7+9=☐

㉙ 15+9+5=☐

㉚ 76+8+5=☐

㉛ 87+6+6=☐

㉜ 36+1+8=☐

㉝ 59+7+4=☐

㉞ 88+3+7=☐

㉟ 37+4+8=☐

㊱ 26+4+8=☐

㊲ 75+5+9=☐

㊳ 65+9+4=☐

㊴ 46+3+6=☐

㊵ 56+6+9=☐

자르는 선

❶ 77－8= ☐ 　 ❷ 47－9= ☐ 　 ❸ 66－8= ☐

❹ 35－7= ☐ 　 ❺ 25－6= ☐ 　 ❻ 53－5= ☐

❼ 20－2= ☐ 　 ❽ 65－7= ☐ 　 ❾ 46－9= ☐

❿ 85－6= ☐ 　 ⑪ 34－5= ☐ 　 ⑫ 96－7= ☐

⑬ 51－5= ☐ 　 ⑭ 86－8= ☐ 　 ⑮ 23－6= ☐

⑯ 33－4= ☐ 　 ⑰ 42－4= ☐ 　 ⑱ 76－8= ☐

⑲
$$\begin{array}{r} 9\ 4 \\ -\ \ \ 5 \\ \hline \end{array}$$

⑳
$$\begin{array}{r} 5\ 4 \\ -\ \ \ 7 \\ \hline \end{array}$$

㉑
$$\begin{array}{r} 8\ 4 \\ -\ \ \ 6 \\ \hline \end{array}$$

㉒
$$\begin{array}{r} 3\ 1 \\ -\ \ \ 4 \\ \hline \end{array}$$

㉓
$$\begin{array}{r} 6\ 3 \\ -\ \ \ 8 \\ \hline \end{array}$$

㉔
$$\begin{array}{r} 5\ 0 \\ -\ \ \ 2 \\ \hline \end{array}$$

㉕
$$\begin{array}{r} 9\ 5 \\ -\ \ \ 9 \\ \hline \end{array}$$

㉖
$$\begin{array}{r} 7\ 3 \\ -\ \ \ 5 \\ \hline \end{array}$$

㉗ 81-3= ☐   ㉘ 97-9= ☐   ㉙ 52-3= ☐

㉚ 45-7= ☐   ㉛ 32-6= ☐   ㉜ 88-9= ☐

㉝ 24-8= ☐   ㉞ 41-5= ☐   ㉟ 75-8= ☐

㊱ 90-2= ☐   ㊲ 21-3= ☐   ㊳ 44-7= ☐

㊴ 61-5= ☐   ㊵ 87-8= ☐   ㊶ 71-2= ☐

㊷ 30-4= ☐   ㊸ 43-7= ☐   ㊹ 91-5= ☐

㊺
```
  9 2
-   3
─────
```

㊻
```
  5 6
-   7
─────
```

㊼
```
  7 4
-   8
─────
```

㊽
```
  8 3
-   9
─────
```

㊾
```
  4 0
-   4
─────
```

㊿
```
  6 2
-   5
─────
```

�51
```
  9 3
-   7
─────
```

�52
```
  5 5
-   6
─────
```

자르는 선

❶ 54 − ☐ = 49

❷ 38 − ☐ = 29

❸ 30 − ☐ = 26

❹ 92 − ☐ = 86

❺ 62 − ☐ = 57

❻ 83 − ☐ = 78

❼ 61 − ☐ = 55

❽ 82 − ☐ = 74

❾ 53 − ☐ = 47

❿ 37 − ☐ = 28

⓫ 73 − ☐ = 66

⓬ 93 − ☐ = 89

⓭ 72 − ☐ = 68

⓮ 56 − ☐ = 49

⓯ 37 − ☐ = 28

⓰ 94 − ☐ = 85

⓱ 91 − ☐ = 88

⓲ 58 − ☐ = 49

⑲
```
   8 1
 −   ☐
 ─────
   7 3
```

⑳
```
   6 3
 −   ☐
 ─────
   5 8
```

㉑
```
   7 8
 −   ☐
 ─────
   6 9
```

㉒
```
   7 1
 −   ☐
 ─────
   6 8
```

㉓
```
   3 2
 −   ☐
 ─────
   2 8
```

㉔
```
   4 1
 −   ☐
 ─────
   3 7
```

㉕
```
   7 5
 −   ☐
 ─────
   6 7
```

㉖
```
   3 0
 −   ☐
 ─────
   2 6
```

㉗ 42 − ☐ = 35   ㉘ 85 − ☐ = 77   ㉙ 20 − ☐ = 11

㉚ 90 − ☐ = 85   ㉛ 50 − ☐ = 42   ㉜ 43 − ☐ = 37

㉝ 70 − ☐ = 68   ㉞ 84 − ☐ = 79   ㉟ 74 − ☐ = 68

㊱ 86 − ☐ = 79   ㊲ 33 − ☐ = 28   ㊳ 40 − ☐ = 33

㊴ 60 − ☐ = 52   ㊵ 95 − ☐ = 87   ㊶ 23 − ☐ = 15

㊷ 22 − ☐ = 16   ㊸ 88 − ☐ = 79   ㊹ 45 − ☐ = 36

㊺
```
   6 4
 −   ☐
 ─────
   5 7
```
㊻
```
   1 8
 −   ☐
 ─────
     9
```
㊼
```
   5 2
 −   ☐
 ─────
   4 5
```
㊽
```
   2 4
 −   ☐
 ─────
   1 8
```

㊾
```
   3 4
 −   ☐
 ─────
   2 9
```
㊿
```
   7 6
 −   ☐
 ─────
   6 9
```
51
```
   4 6
 −   ☐
 ─────
   3 7
```
52
```
   6 5
 −   ☐
 ─────
   5 7
```

덧셈과 뺄셈

① 합 | 61 | 53 | 8 | 45 | 차

② 합 | | 62 | 9 | | 차

③ | | 83 | 8 | |

④ | | 15 | 7 | |

⑤ | | 20 | 3 | |

⑥ | | 44 | 8 | |

⑦ | | 35 | 6 | |

⑧ | | 74 | 7 | |

⑨ | | 21 | 5 | |

⑩ | | 23 | 9 | |

⑪ | | 26 | 8 | |

⑫ | | 56 | 8 | |

⑬ | | 57 | 9 | |

⑭ | | 67 | 8 | |

자르는 선

⑮ 합 [ ] | 24 | 9 | 차 [ ]

⑯ 합 [ ] | 75 | 6 | 차 [ ]

⑰ [ ] | 45 | 6 | [ ]

⑱ [ ] | 33 | 8 | [ ]

⑲ [ ] | 84 | 5 | [ ]

⑳ [ ] | 25 | 7 | [ ]

㉑ [ ] | 47 | 9 | [ ]

㉒ [ ] | 54 | 7 | [ ]

㉓ [ ] | 64 | 8 | [ ]

㉔ [ ] | 46 | 8 | [ ]

㉕ [ ] | 28 | 9 | [ ]

㉖ [ ] | 63 | 9 | [ ]

㉗ [ ] | 55 | 9 | [ ]

㉘ [ ] | 77 | 8 | [ ]

❶ 빨간 구슬이 **27**개, 파란 구슬이 **8**개 있습니다. 구슬은 모두 몇 개입니까?

$$\boxed{} + \boxed{} = \boxed{} \text{(개)}$$

❷ 수희네 집에는 동화책이 **36**권 있는데 과학책은 동화책보다 **9**권 더 많습니다. 과학책은 몇 권 있습니까?

$$\boxed{} + \boxed{} = \boxed{} \text{(권)}$$

❸ 농장에 소가 **67**마리, 사슴이 **5**마리 있습니다. 농장에는 소와 사슴이 모두 몇 마리 있습니까?

$$\boxed{} + \boxed{} = \boxed{} \text{(마리)}$$

❹ 진우 형의 나이는 **19**살입니다. **9**년 후에는 몇 살이 됩니까?

$$\boxed{} + \boxed{} = \boxed{} \text{(살)}$$

❺ 제기를 미나는 **24**번, 수호는 **7**번 찼습니다. 미나와 수호는 제기를 모두 몇 번 찼습니까?

$$\boxed{} + \boxed{} = \boxed{} \text{(번)}$$

❻ 버스에 **37**명이 타고 있습니다. 정류장에 도착하여 **6**명이 더 탔습니다. 지금 버스에 타고 있는 사람은 몇 명입니까?

$$\boxed{} + \boxed{} = \boxed{} \text{(명)}$$

❼ 화살 **41**개를 던졌는데 통 안에 넣지 못한 화살이 **8**개입니다. 통 안에 넣은 화살은 몇 개입니까?

$$\boxed{} - \boxed{} = \boxed{} \text{(개)}$$

❽ 지혜는 흰 바둑돌 **27**개와 검은 바둑돌 **7**개를 가지고 있습니다. 흰 바둑돌은 검은 바둑돌보다 몇 개 더 많습니까?

$$\boxed{} - \boxed{} = \boxed{} \text{(개)}$$

❾ 주연이는 색종이 **31**장을 가지고 있었습니다. 그중 **6**장을 사용했습니다. 남은 색종이는 몇 장입니까?

$$\boxed{} - \boxed{} = \boxed{} \text{(장)}$$

❿ 정호는 사탕을 **52**개 가지고 있습니다. 그중 **9**개를 동생에게 주었습니다. 정호에게 남은 사탕은 몇 개입니까?

$$\boxed{} - \boxed{} = \boxed{} \text{(개)}$$

⓫ 진호는 딱지를 **24**장, 성주는 **7**장 가지고 있습니다. 진호는 성주보다 몇 개 더 가지고 있습니까?

$$\boxed{} - \boxed{} = \boxed{} \text{(개)}$$

⓬ 할아버지가 **62**세이고 나는 **7**살입니다. 할아버지와 나의 나이 차는 몇 살입니까?

$$\boxed{} - \boxed{} = \boxed{} \text{(살)}$$

자르는 선

❶ $56+6-9=$ ☐

❷ $89+2-6=$ ☐

❸ $46+7-5=$ ☐

❹ $83+9-5=$ ☐

❺ $55+9-7=$ ☐

❻ $48+6-7=$ ☐

❼ $77+1-6=$ ☐

❽ $27+1-9=$ ☐

❾ $38+7-6=$ ☐

❿ $59+7-8=$ ☐

⓫ $47+6-4=$ ☐

⓬ $88+3-7=$ ☐

⓭ $75+5-9=$ ☐

⓮ $36+1-8=$ ☐

⓯ $65+9-4=$ ☐

⓰ $87+8-9=$ ☐

⓱ $26+4-8=$ ☐

⓲ $66+5-3=$ ☐

⓳ $37+4-8=$ ☐

⓴ $64+8-6=$ ☐

㉑ $17-5+8=$ ☐

㉒ $29-2+7=$ ☐

㉓ $84-5+7=$ ☐

㉔ $44-7+5=$ ☐

㉕ $25-9+7=$ ☐

㉖ $41-2+4=$ ☐

㉗ $76-8+5=$ ☐

㉘ $24-7+6=$ ☐

㉙ $45-7+9=$ ☐

㉚ $33-4+9=$ ☐

㉛ $34-5+8=$ ☐

㉜ $30-3+8=$ ☐

㉝ $58-6+7=$ ☐

㉞ $22-5+9=$ ☐

㉟ $82-3+4=$ ☐

㊱ $54-6+8=$ ☐

㊲ $53-5+6=$ ☐

㊳ $23-5+6=$ ☐

㊴ $78-4+9=$ ☐

㊵ $68-9+8=$ ☐

자르는 선

정 답

1주 (두 자리 수)+(한 자리 수)
1~2쪽

❶ 41 ❷ 61 ❸ 32 ❹ 71 ❺ 31 ❻ 81 ❼ 91 ❽ 84 ❾ 52 ❿ 31 ⓫ 20 ⓬ 91
⓭ 24 ⓮ 51 ⓯ 72 ⓰ 41 ⓱ 91 ⓲ 24 ⓳ 61 ⓴ 91 ㉑ 41 ㉒ 73 ㉓ 83 ㉔ 20
㉕ 51 ㉖ 96 ㉗ 71 ㉘ 31 ㉙ 52 ㉚ 62 ㉛ 41 ㉜ 92 ㉝ 93 ㉞ 61 ㉟ 71 ㊱ 21
㊲ 81 ㊳ 32 ㊴ 32 ㊵ 43 ㊶ 62 ㊷ 25 ㊸ 81 ㊹ 90 ㊺ 21 ㊻ 73 ㊼ 51 ㊽ 44
㊾ 61 ㊿ 42 51 82 52 56

2주 문해결 덧셈
3~4쪽

❶ 9 ❷ 3 ❸ 6 ❹ 7 ❺ 5 ❻ 9 ❼ 5 ❽ 7 ❾ 8 ❿ 6 ⓫ 4 ⓬ 5
⓭ 4 ⓮ 8 ⓯ 8 ⓰ 8 ⓱ 6 ⓲ 6 ⓳ 9 ⓴ 8 ㉑ 7 ㉒ 8 ㉓ 8 ㉔ 9
㉕ 4 ㉖ 7 ㉗ 9 ㉘ 5 ㉙ 8 ㉚ 7 ㉛ 8 ㉜ 7 ㉝ 6 ㉞ 7 ㉟ 8 ㊱ 8
㊲ 8 ㊳ 4 ㊴ 5 ㊵ 7 ㊶ 6 ㊷ 3 ㊸ 6 ㊹ 4 ㊺ 8 ㊻ 4 ㊼ 6 ㊽ 7
㊾ 6 ㊿ 3 51 7 52 5

3주 세 수의 덧셈
5~6쪽

❶ 35 ❷ 49 ❸ 46 ❹ 48 ❺ 61 ❻ 90 ❼ 87 ❽ 68 ❾ 30 ❿ 95 ⓫ 78 ⓬ 71
⓭ 58 ⓮ 37 ⓯ 97 ⓰ 97 ⓱ 97 ⓲ 57 ⓳ 84 ⓴ 71 ㉑ 54 ㉒ 38 ㉓ 23 ㉔ 68
㉕ 83 ㉖ 34 ㉗ 37 ㉘ 61 ㉙ 29 ㉚ 89 ㉛ 99 ㉜ 45 ㉝ 70 ㉞ 98 ㉟ 49 ㊱ 38
㊲ 89 ㊳ 78 ㊴ 55 ㊵ 71

4주 (두 자리 수)-(한 자리 수)
7~8쪽

❶ 69 ❷ 38 ❸ 58 ❹ 28 ❺ 19 ❻ 48 ❼ 18 ❽ 58 ❾ 37 ❿ 79 ⓫ 29 ⓬ 89
⓭ 46 ⓮ 78 ⓯ 17 ⓰ 29 ⓱ 38 ⓲ 68 ⓳ 89 ⓴ 47 ㉑ 78 ㉒ 27 ㉓ 55 ㉔ 48
㉕ 86 ㉖ 68 ㉗ 78 ㉘ 88 ㉙ 49 ㉚ 38 ㉛ 26 ㉜ 79 ㉝ 16 ㉞ 36 ㉟ 67 ㊱ 88
㊲ 18 ㊳ 37 ㊴ 56 ㊵ 79 ㊶ 69 ㊷ 26 ㊸ 36 ㊹ 86 ㊺ 89 ㊻ 49 ㊼ 66 ㊽ 74
㊾ 36 ㊿ 57 51 86 52 49

5주 문해결 뺄셈
9~10쪽

❶ 5 ❷ 9 ❸ 4 ❹ 6 ❺ 5 ❻ 5 ❼ 6 ❽ 8 ❾ 6 ❿ 9 ⓫ 7 ⓬ 4
⓭ 4 ⓮ 7 ⓯ 9 ⓰ 9 ⓱ 3 ⓲ 9 ⓳ 8 ⓴ 5 ㉑ 9 ㉒ 3 ㉓ 4 ㉔ 4
㉕ 8 ㉖ 4 ㉗ 7 ㉘ 8 ㉙ 9 ㉚ 5 ㉛ 8 ㉜ 6 ㉝ 2 ㉞ 5 ㉟ 6 ㊱ 7
㊲ 5 ㊳ 7 ㊴ 8 ㊵ 8 ㊶ 8 ㊷ 6 ㊸ 9 ㊹ 9 ㊺ 7 ㊻ 9 ㊼ 7 ㊽ 6
㊾ 5 ㊿ 7 51 9 52 8

6주 덧셈과 뺄셈
11~12쪽

❶ 61, 45 ❷ 71, 53 ❸ 91, 75 ❹ 22, 8 ❺ 23, 17 ❻ 52, 36
❼ 41, 29 ❽ 81, 67 ❾ 26, 16 ❿ 32, 14 ⓫ 34, 18 ⓬ 64, 48
⓭ 66, 48 ⓮ 75, 59 ⓯ 33, 15 ⓰ 81, 69 ⓱ 51, 39 ⓲ 41, 25
⓳ 89, 79 ⓴ 32, 18 ㉑ 56, 38 ㉒ 61, 47 ㉓ 72, 56 ㉔ 54, 38
㉕ 37, 19 ㉖ 72, 54 ㉗ 64, 46 ㉘ 85, 69

7주 문장제
13~14쪽

❶ 27, 8, 35 ❷ 36, 9, 45 ❸ 67, 5, 72 ❹ 19, 9, 28 ❺ 24, 7, 31 ❻ 37, 6, 43
❼ 41, 8, 33 ❽ 27, 7, 20 ❾ 31, 6, 25 ❿ 52, 9, 43 ⓫ 24, 7, 17 ⓬ 62, 7, 55

8주 문해결 연산
15~16쪽

❶ 53 ❷ 85 ❸ 48 ❹ 87 ❺ 57 ❻ 47 ❼ 72 ❽ 19 ❾ 39 ❿ 58 ⓫ 49 ⓬ 84
⓭ 71 ⓮ 29 ⓯ 70 ⓰ 86 ⓱ 22 ⓲ 68 ⓳ 33 ⓴ 66 ㉑ 20 ㉒ 34 ㉓ 86 ㉔ 42
㉕ 23 ㉖ 43 ㉗ 73 ㉘ 23 ㉙ 47 ㉚ 38 ㉛ 37 ㉜ 35 ㉝ 59 ㉞ 26 ㉟ 83 ㊱ 56
㊲ 54 ㊳ 24 ㊴ 83 ㊵ 67

사고셈

초등2 1호

이 책의 **구성과 특징**

생각의 힘을 키우는 사고(思考)셈은 1주 4개, 8주 32개의 사고력 유형 학습을 통해 수와 연산에 대한 개념의 응용력(추론 및 문제해결능력)을 키울 수 있도록 하였습니다.

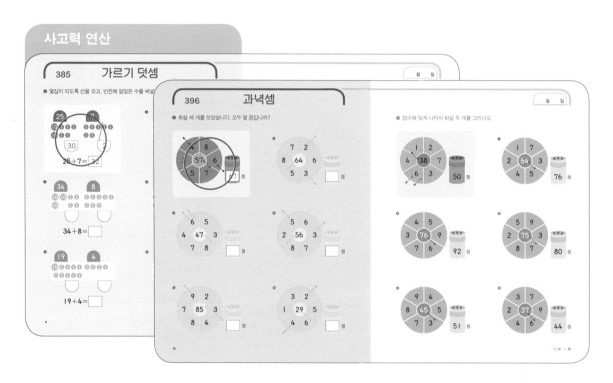

- 대표 사고력 유형으로 연산 원리를 쉽게쉽게
- 1~4일차: 다양한 유형의 주 진도 학습

- 5일차 점검 학습: 주 진도 학습 확인

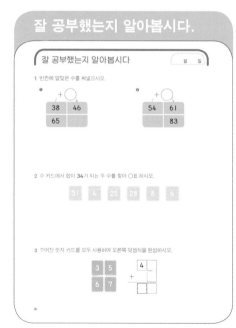

○ 권두부록 (기본연산 Check-Book)

● 본 학습 전 기본연산 실력 진단

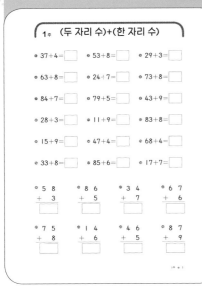

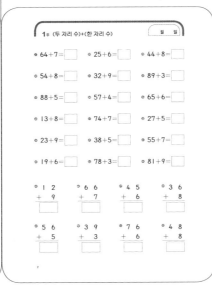

○ 권말부록 (G-Book)

Guide Book (정답 및 해설)

● 문제와 답을 한 눈에!

● 상세한 풀이와 친절한 해설, 답

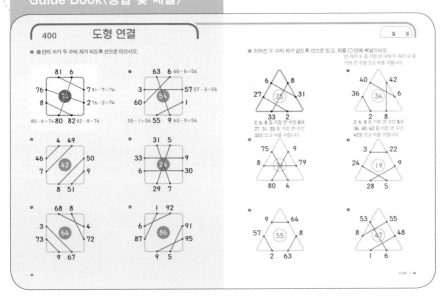

학습 효과 및 활용법

학습 효과

- 수학적 사고력 향상
- 스스로 생각을 만드는 직관 학습
- 연산의 원리 이해
- 다양한 유형으로 수 조작력 향상
- 생각의 다양성 향상
- 추론능력, 문제해결력 향상
- 수·연산 영역 완벽 대비
- 진도 학습 및 점검 학습으로 연산 학습 완성

사고셈

주차별 활용법

1단계
기본연산
Check-Book으로
준비 학습

2단계
사고력 유형으로
진도 학습

3단계
마무리 문제로
점검 학습

1단계 : 기본연산 Check-Book으로 사고력 연산을 위한 준비 학습을 합니다.
2단계 : 사고력 유형으로 사고력 연산의 진도 학습을 합니다.
3단계 : 한 주마다 점검 학습(잘 공부했는지 알아봅시다)으로 사고력 향상을 확인합니다.

학습 구성

6세
1호	10까지의 수
2호	더하기 빼기 1과 2
3호	합이 9까지인 덧셈
4호	한 자리 수의 뺄셈과 세 수의 계산

7세
1호	한 자리 수의 덧셈과 뺄셈
2호	10 만들기
3호	50까지의 수
4호	더하기 빼기 1과 2, 10과 20

초등 1
1호	덧셈구구
2호	뺄셈구구와 덧셈, 뺄셈 혼합
3호	100까지의 수, 1000까지의 수
4호	받아올림, 받아내림 없는 두 자리 수의 계산

초등 2
1호	두 자리 수와 한 자리 수의 덧셈과 뺄셈
2호	두 자리 수의 덧셈과 뺄셈
3호	곱셈구구
4호	곱셈과 나눗셈 구구

초등 3
1호	세·네 자리 수의 덧셈과 뺄셈
2호	분수와 소수의 기초
3호	두 자리 수의 곱셈과 나눗셈
4호	분수

초등 4
1호	분수의 덧셈과 뺄셈
2호	혼합 계산
3호	소수의 덧셈과 뺄셈
4호	어림하기

이 책의 **학습 로드맵**

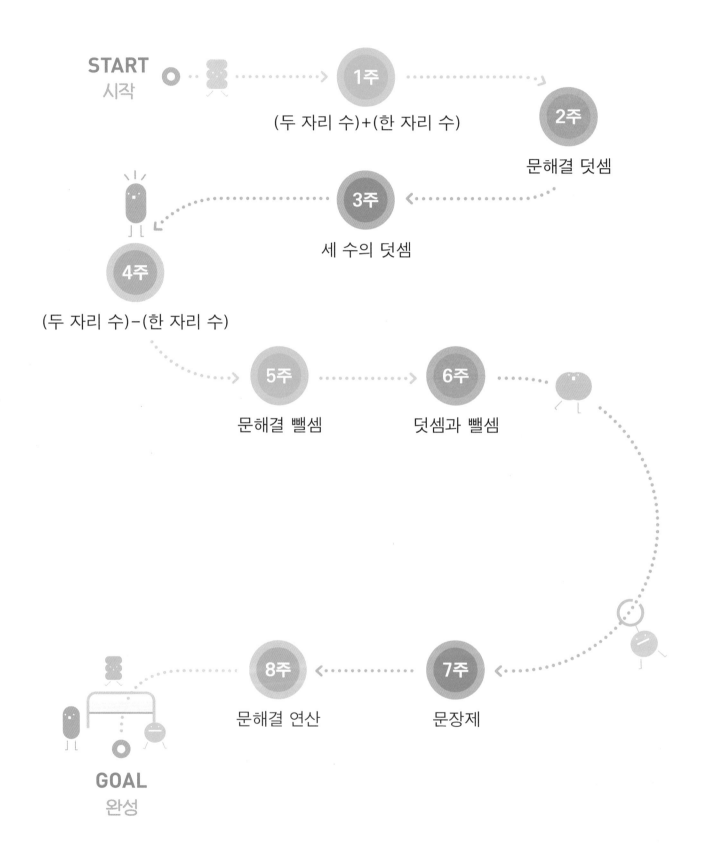

START
시작

1주
(두 자리 수)+(한 자리 수)

2주
문해결 덧셈

3주
세 수의 덧셈

4주
(두 자리 수)−(한 자리 수)

5주
문해결 뺄셈

6주
덧셈과 뺄셈

7주
문장제

8주
문해결 연산

GOAL
완성

1

(두 자리 수)
+(한 자리 수)

가르기 덧셈

● 몇십이 되도록 선을 긋고, 빈칸에 알맞은 수를 써넣으시오.

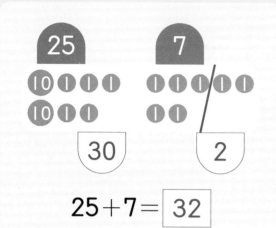

$$25+7=\boxed{32}$$

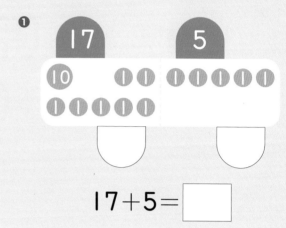

①

$$17+5=\boxed{}$$

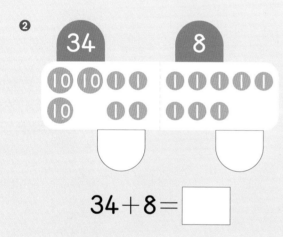

②

$$34+8=\boxed{}$$

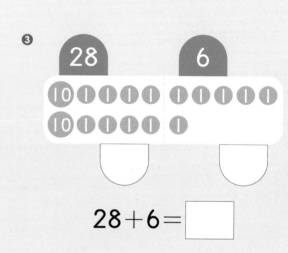

③

$$28+6=\boxed{}$$

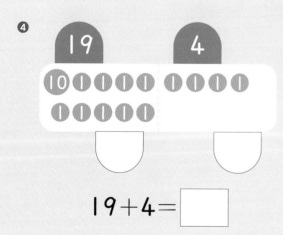

④

$$19+4=\boxed{}$$

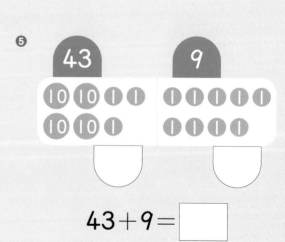

⑤

$$43+9=\boxed{}$$

➕ 몇십이 되도록 더하는 수를 갈라 덧셈을 하시오.

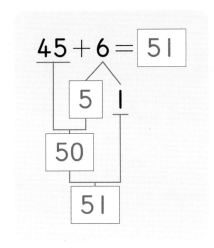

$45 + 6 = \boxed{51}$

① $18 + 4 = \square$

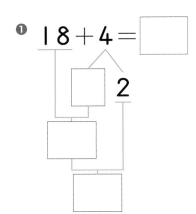

② $74 + 7 = \square$

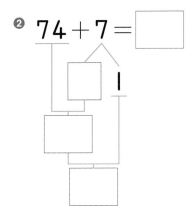

③ $89 + 6 = \square$

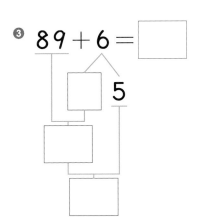

④ $67 + 6 = \square$

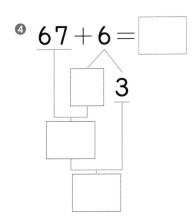

⑤ $53 + 8 = \square$

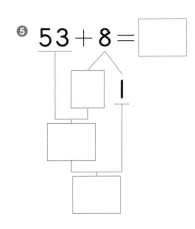

⑥ $78 + 9 = \square$

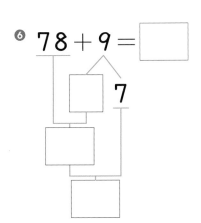

⑦ $85 + 7 = \square$

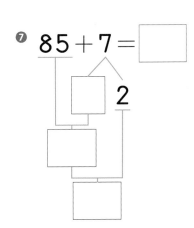

⑧ $36 + 5 = \square$

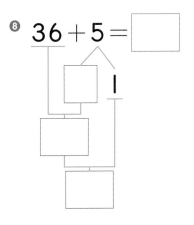

갈림길

● 계산에 맞게 선을 그으시오.

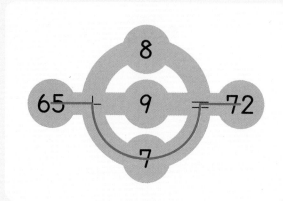

8
65 + 9 = 72
7

①

1
73 + 8 = 81
9

②

2
28 + 4 = 30
5

③

3
34 + 9 = 43
6

④

8
17 + 1 = 21
4

⑤

7
78 + 6 = 85
5

⑥

3
86 + 5 = 91
1

⑦

2
59 + 9 = 65
6

✚ 계산에 맞게 빈칸에 알맞은 수를 써넣으시오.

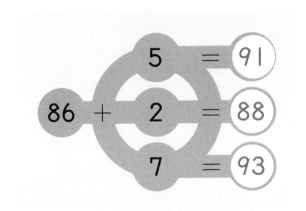

86 + 5 = 91
86 + 2 = 88
86 + 7 = 93

❶ 23 + 4 = ◯
   23 + 9 = ◯
   23 + 7 = ◯

❷ 54 + 7 = ◯
   54 + 4 = ◯
   54 + 9 = ◯

❸ 47 + 3 = ◯
   47 + 4 = ◯
   47 + 6 = ◯

❹ 77 + 2 = ◯
   77 + 4 = ◯
   77 + 9 = ◯

❺ 16 + 5 = ◯
   16 + 3 = ◯
   16 + 7 = ◯

고치기

● 틀린 답을 찾아 바르게 고치시오.

$28+3=31$
$95+4=99$
$27+6=\cancel{23}\ 33$
$36+7=43$

❶
$69+8=77$
$76+6=82$
$43+9=53$
$52+2=54$

❷
$23+6=29$
$86+9=94$
$24+7=31$
$53+8=61$

❸
$63+7=70$
$32+3=35$
$75+5=80$
$48+2=40$

❹
$76+6=84$
$48+8=56$
$64+6=70$
$27+3=30$

❺
$55+5=60$
$24+9=33$
$93+4=98$
$84+8=92$

● 틀린 답을 찾아 바르게 고치시오.

21	97	42	66	58
+ 4	+ 2	+ 9	+ 7	+ 5
25	99	51	73	6̸4̸
				63

❶

79	47	15	66	58
+ 6	+ 8	+ 1	+ 7	+ 5
85	45	16	73	63

❷

60	88	28	73	52
+ 8	+ 4	+ 6	+ 9	+ 3
68	92	34	76	55

❸

95	17	64	39	46
+ 8	+ 5	+ 7	+ 2	+ 1
103	22	63	41	47

모으기셈

선으로 연결된 두 수를 모으기 하여 빈칸에 알맞은 수를 써넣으시오.

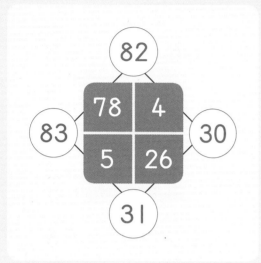

❶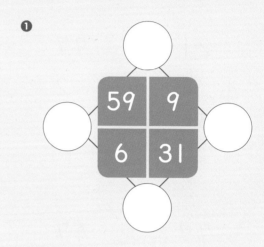

❷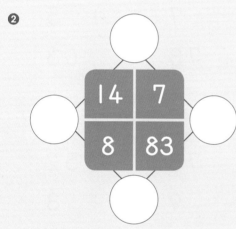

❸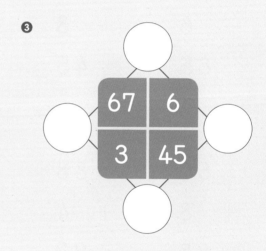

❹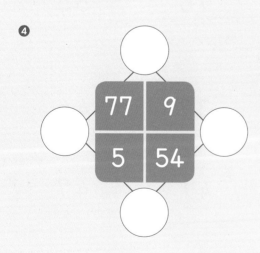

❺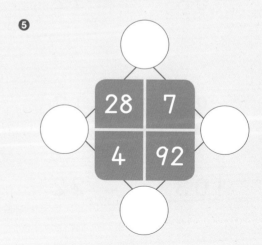

➕ ⬤ 안의 수는 선으로 연결된 두 수의 합입니다. 빈칸에 알맞은 수를 써넣으시오.

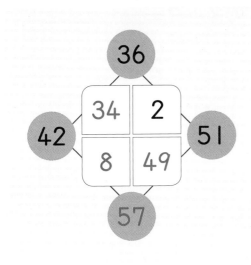

❶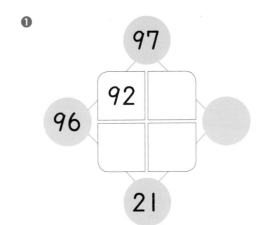

❷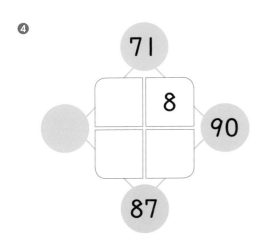

❸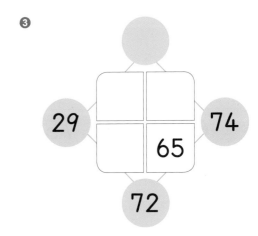

❹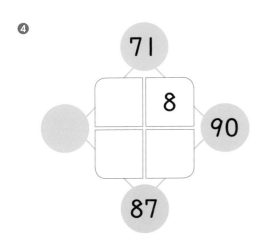

❺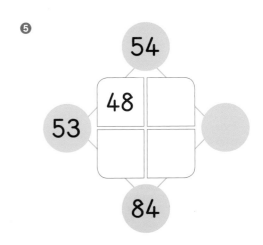

1 □ 안에 알맞은 수를 써넣으시오.

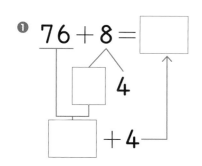

❶ $76 + 8 = \boxed{}$

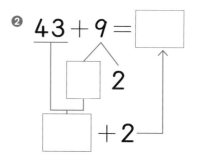

❷ $43 + 9 = \boxed{}$

2 바르게 계산한 것은 어느 것입니까?

❶
$$\begin{array}{r} 65 \\ + 7 \\ \hline 62 \end{array}$$

❷
$$\begin{array}{r} 73 \\ + 8 \\ \hline 75 \end{array}$$

❸
$$\begin{array}{r} 47 \\ + 7 \\ \hline 44 \end{array}$$

❹
$$\begin{array}{r} 54 \\ + 9 \\ \hline 63 \end{array}$$

❺
$$\begin{array}{r} 87 \\ + 6 \\ \hline 81 \end{array}$$

3 관계 있는 것끼리 선으로 이으시오.

$42 + 4$	$37 + 7$	$46 + 9$
•	•	•
•	•	•
$47 + 8$	$39 + 7$	$41 + 3$

문해결 덧셈

389 숫자 카드 세로셈

주어진 숫자 카드를 모두 사용하여 덧셈식을 완성하시오.

보기

숫자 카드: 1 7 2 8

$$\begin{array}{r} 7\ 2 \\ +\ \ \ 9 \\ \hline 8\ 1 \end{array}$$

①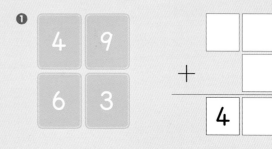

②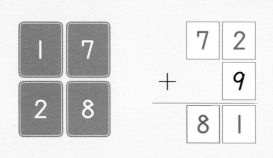

③

④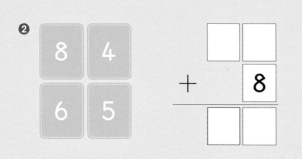

⑤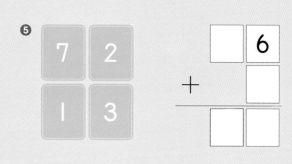

⑥

⑦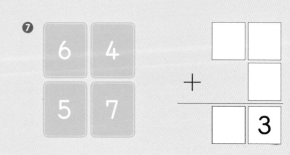

⊕ 주어진 숫자 카드를 모두 사용해서 덧셈식을 만드시오.

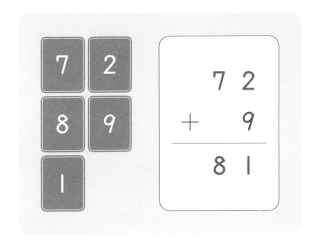

$$\begin{array}{r} 7\ 2 \\ +\quad 9 \\ \hline 8\ 1 \end{array}$$

❶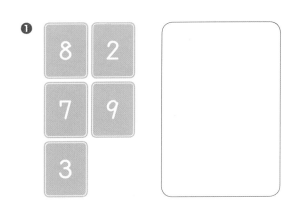

❷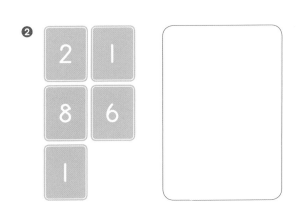

❸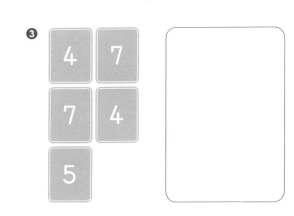

❹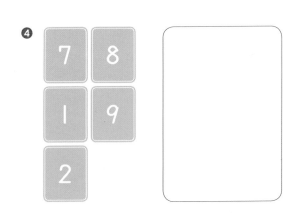

❺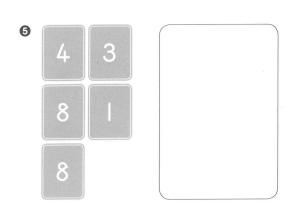

짝꿍

● 합이 같도록 두 수씩 짝을 지으시오.

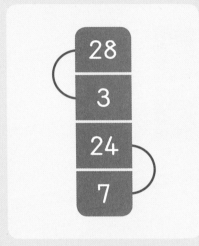

| 28 |
| 3 |
| 24 |
| 7 |

❶
| 85 |
| 80 |
| 1 |
| 6 |

❷
| 8 |
| 5 |
| 50 |
| 47 |

❸
| 2 |
| 48 |
| 8 |
| 54 |

❹
| 68 |
| 4 |
| 63 |
| 9 |

❺
| 34 |
| 38 |
| 7 |
| 3 |

❻
| 2 |
| 79 |
| 72 |
| 9 |

❼
| 4 |
| 37 |
| 41 |
| 8 |

❽
| 6 |
| 86 |
| 5 |
| 85 |

⊕ 연결된 두 수의 합이 서로 같습니다. 빈칸에 알맞은 수를 써넣으시오.

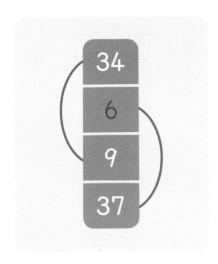

①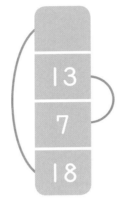

②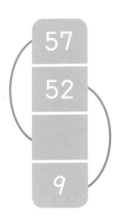

③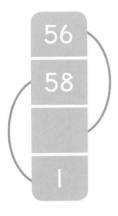

④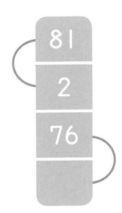

⑤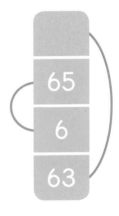

⑥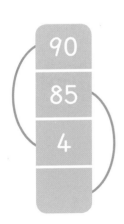

⑦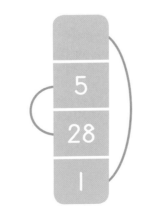

⑧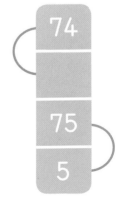

두 수 묶기

◑ ● 안의 수가 합이 되는 두 수를 찾아 ▭ 또는 ▯를 그리시오.

보기

34

28	6
4	31

❶ 74

65	6
9	64

❷ 28

27	7
5	23

❸ 59

51	8
9	49

❹ 97

92	9
6	88

❺ 82

75	6
7	73

❻ 36

28	8
5	29

❼ 41

42	1
9	40

❽ 23

19	6
7	16

❾ 77

74	3
9	69

✚ ● 안의 수가 합이 되는 두 수를 찾아 ⬭ 또는 ▯ 를 그리시오.

81	4	75	8
	74	**7**	80

❶

66	59	8	60
	9	58	7

❷

91	88	4	87
	2	86	6

❸

47	45	2	38
	6	43	8

❹

39	8	29	9
	31	7	28

❺

84	80	2	81
	3	79	5

❻

54	9	50	7
	49	6	47

❼

72	65	9	70
	8	64	3

❽

63	4	59	3
	60	5	61

❾

25	16	7	14
	9	20	4

바람개비

◑ 가로, 세로로 두 수의 합을 빈칸에 써넣으시오.

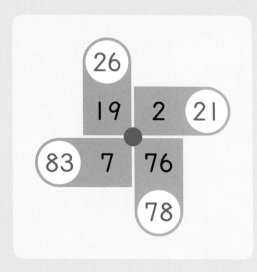

❶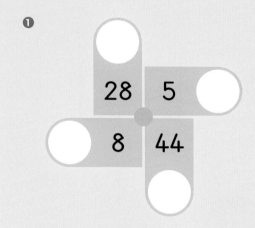

❷

82　9

4　53

❸

35　1

6　17

❹

69　3

5　82

❺

46　6

2　74

✚ 가로, 세로로 두 수의 합입니다. 빈칸에 알맞은 수를 써넣으시오.

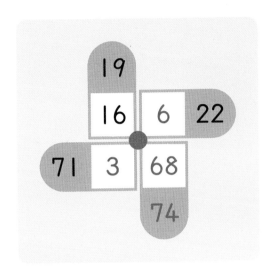

❶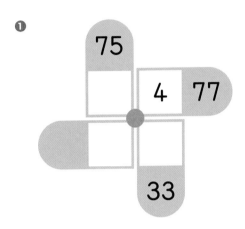

❷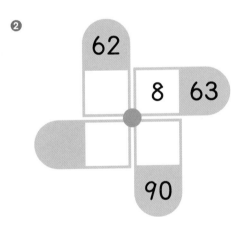

❸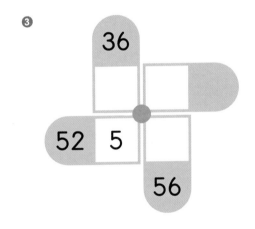

❹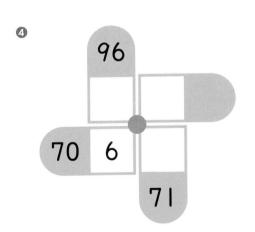

❺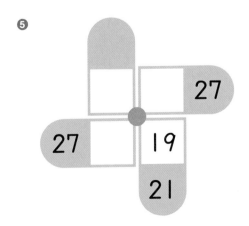

1 빈칸에 알맞은 수를 써넣으시오.

❶
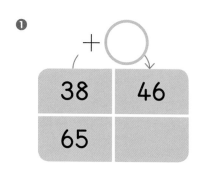

❷
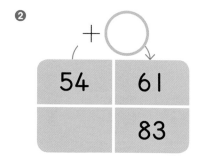

2 수 카드에서 합이 **34**가 되는 두 수를 찾아 ○표 하시오.

3 주어진 숫자 카드를 모두 사용하여 오른쪽 덧셈식을 완성하시오.

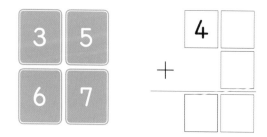

3 세 수의 덧셈

자동차 길

● 길을 따라 계산하여 빈칸에 알맞은 수를 써넣으시오.

17 +7 +4 → 30
+9 +8

❶ 31 +8 +2
+5 +6

❷ 62 +6 +1
+7 +2

❸ 25 +9 +4
+8 +3

❹ 91 +8 +7
+4 +1

❺ 87 +5 +2
+3 +6

❻ 58 +8 +3
+9 +4

❼

46 +5 +6
+1 +2

➕ 계산 결과에 맞게 자동차 길을 그으시오.

①

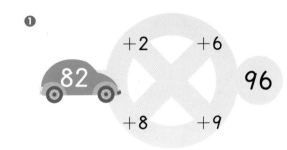

②

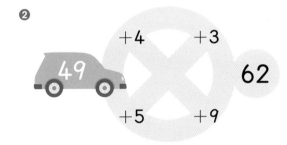

③

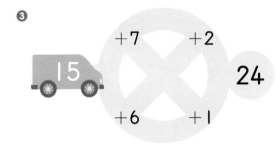

④

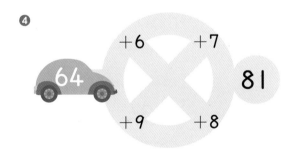

⑤

⑥

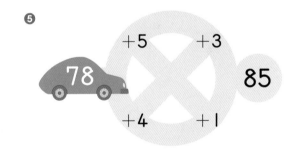

⑦

애드벌룬

● 세 수의 합이 ⬭ 안의 수가 되도록 필요 없는 풍선에 ×표 하시오.

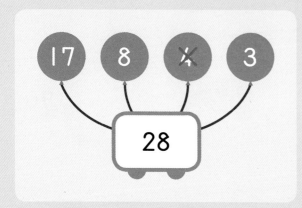

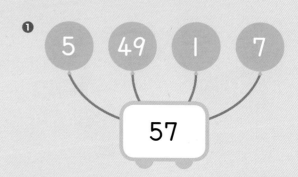

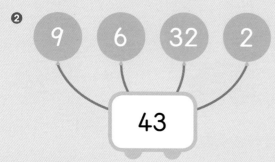

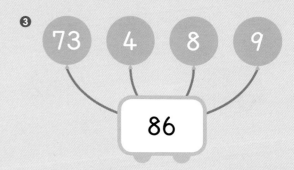

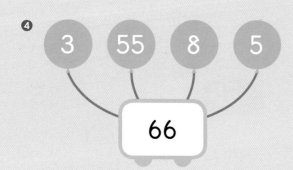

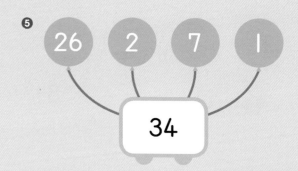

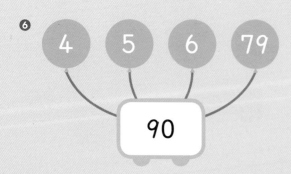

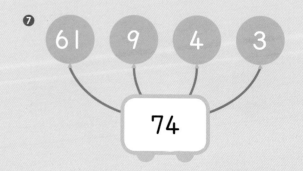

➕ 세 수의 합이 ⬭ 안의 수가 되도록 필요 없는 두 개의 풍선에 ×표 하시오.

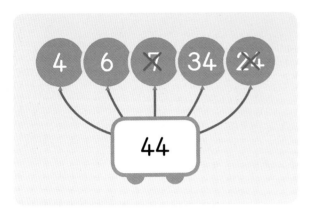

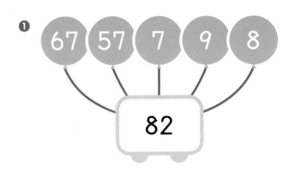

❶

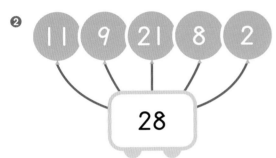

❷

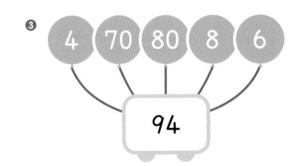

❸

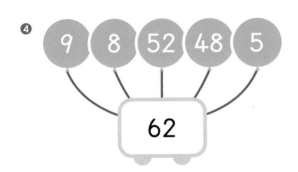

❹

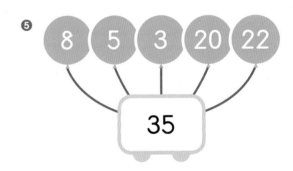

❺

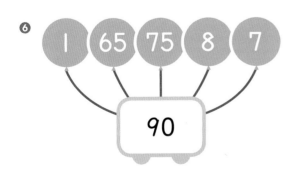

❻

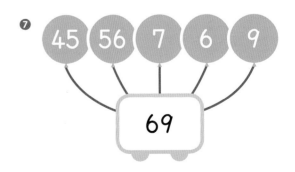

❼

+ 지우기

● / 표시된 +를 지우고 두 자리 수를 만든 다음 덧셈을 하시오.

$3+4\!\!\!/6+7=\boxed{56}$

❶ $5+1+8\!\!\!/2=\boxed{}$

❷ $2\!\!\!/9+5+5=\boxed{}$

❸ $6\!\!\!/7+1+4=\boxed{}$

❹ $8+3+3\!\!\!/9=\boxed{}$

❺ $4\!\!\!/2+6+5=\boxed{}$

❻ $1\!\!\!/7+4+2=\boxed{}$

❼ $3+9\!\!\!/1+5=\boxed{}$

❽ $6+7\!\!\!/6+8=\boxed{}$

❾ $5+8+3\!\!\!/4=\boxed{}$

❿ $9+5+6\!\!\!/4=\boxed{}$

⓫ $2\!\!\!/4+7+8=\boxed{}$

⓬ $4+4\!\!\!/1+2=\boxed{}$

⓭ $7+3\!\!\!/6+5=\boxed{}$

⊕ 덧셈식에 맞게 ＋를 하나 지우고 올바른 식을 쓰시오.

5̸+8+3+2=63	58+3+2=63

❶ 1+6+8+9=96

❷ 2+3+7+5=44

❸ 9+4+6+2=75

❹ 7+5+8+5=88

❺ 2+1+4+9=34

❻ 6+1+3+8=27

❼ 7+2+4+3=52

과녁셈

● 화살 세 개를 쏘았습니다. 모두 몇 점입니까?

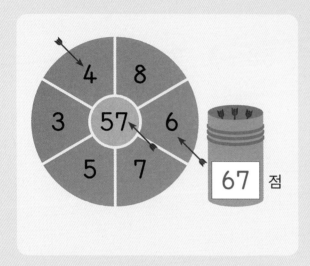

67 점

①

②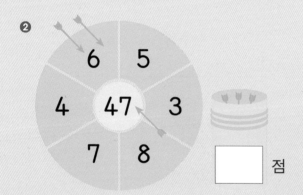

③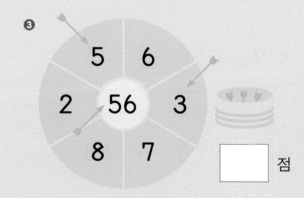

④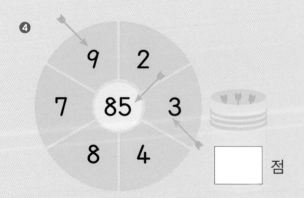

⑤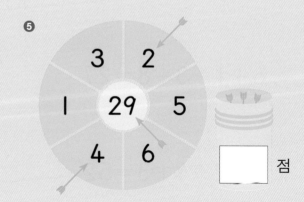

⊕ 점수에 맞게 나머지 화살 두 개를 그리시오.

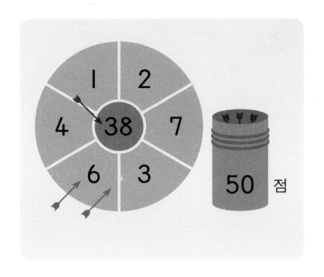

❶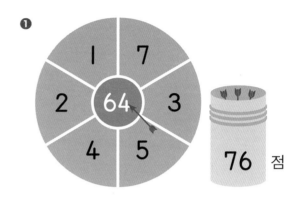

❷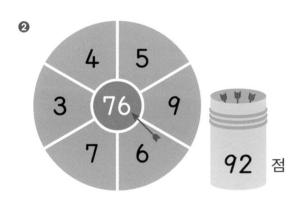

❸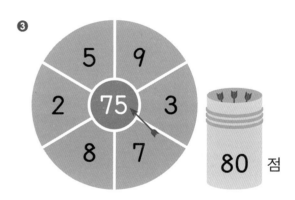

❹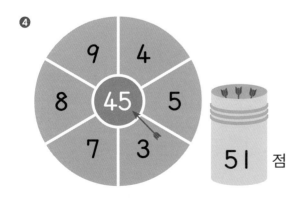

❺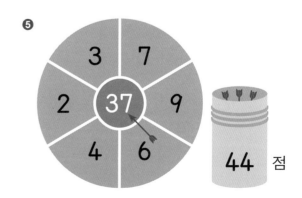

잘 공부했는지 알아봅시다

1 계산 결과에 맞게 자동차 길을 그으시오.

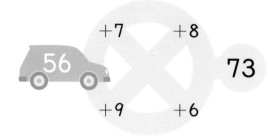

2 덧셈식에 맞게 +를 하나 지우고 올바른 식을 쓰시오.

❶ $3+7+8+4=49$

❷ $7+5+4+2=54$

---

3 화살 세 개를 쏘았습니다. 점수에 맞게 나머지 두 개의 화살을 그리시오.

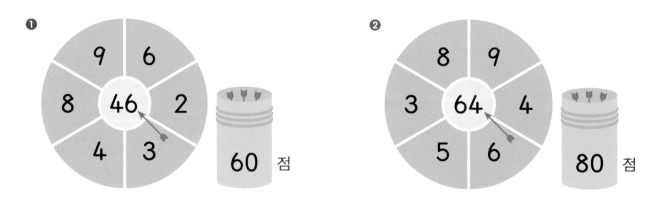

4 (두 자리 수)
−(한 자리 수)

가르기 뺄셈

● 몇십과 십 몇으로 가르기 한 것입니다. 빼는 수만큼 /로 지우고 빈칸을 채우시오.

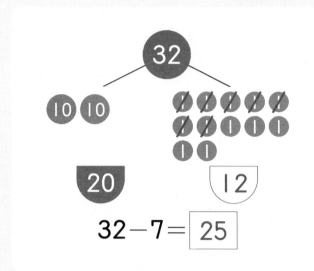

$$32 - 7 = \boxed{25}$$

①

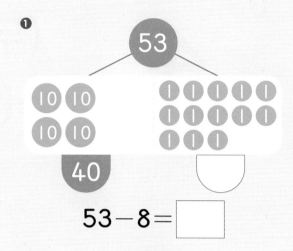

$$53 - 8 = \boxed{}$$

②

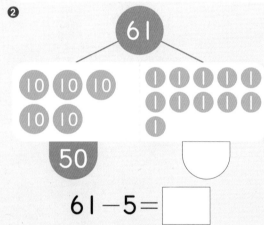

$$61 - 5 = \boxed{}$$

③

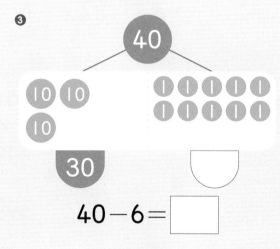

$$40 - 6 = \boxed{}$$

④

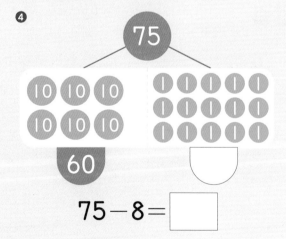

$$75 - 8 = \boxed{}$$

⑤

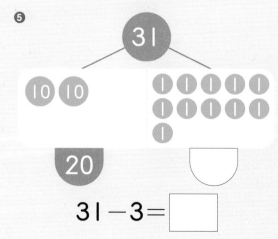

$$31 - 3 = \boxed{}$$

● 몇십과 십 몇으로 갈라 뺄셈을 하시오.

$67 - 9 = \boxed{58}$

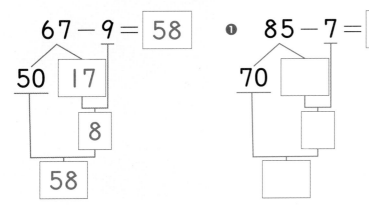

❶ $85 - 7 = \boxed{}$

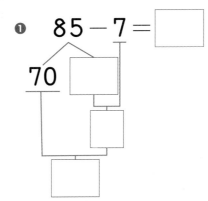

❷ $24 - 5 = \boxed{}$

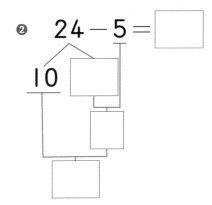

❸ $33 - 8 = \boxed{}$

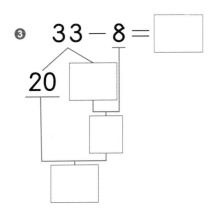

❹ $58 - 9 = \boxed{}$

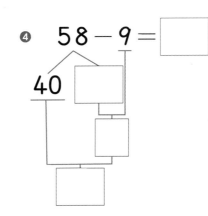

❺ $66 - 8 = \boxed{}$

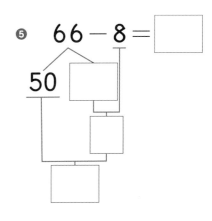

❻ $71 - 4 = \boxed{}$

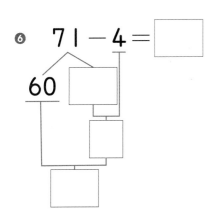

❼ $42 - 6 = \boxed{}$

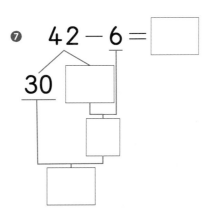

❽ $92 - 9 = \boxed{}$

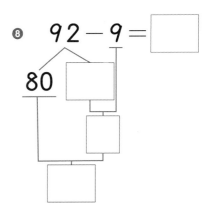

하우스

● 뺄셈을 하여 빈칸에 알맞은 수를 써넣으시오.

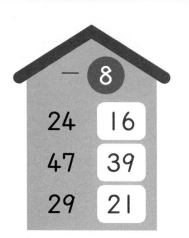

− 8	
24	16
47	39
29	21

❶
− 6	
34	
82	
55	

❷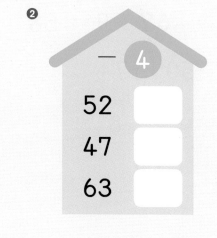
− 4	
52	
47	
63	

❸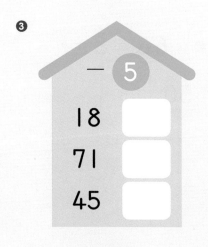
− 5	
18	
71	
45	

❹
− 3	
26	
97	
60	

❺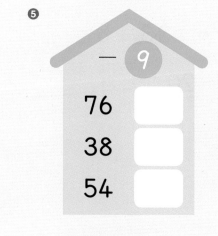
− 9	
76	
38	
54	

❻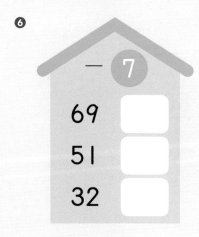
− 7	
69	
51	
32	

❼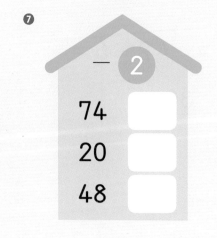
− 2	
74	
20	
48	

❽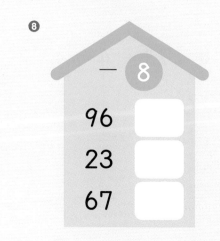
− 8	
96	
23	
67	

⊕ 빈칸에 알맞은 수를 써넣으시오.

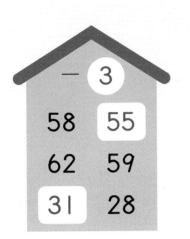

$-$ 3

58	55
62	59
31	28

❶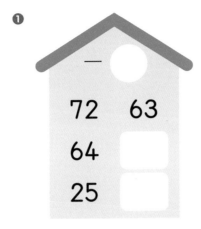

$-$ ◯

72	63
64	
25	

❷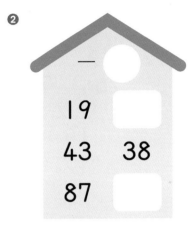

$-$ ◯

19	
43	38
87	

❸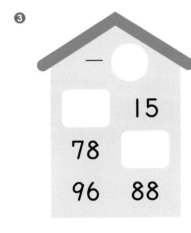

$-$ ◯

	15
78	
96	88

❹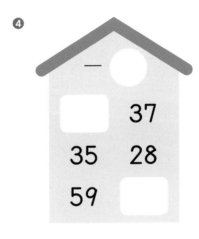

$-$ ◯

	37
35	28
59	

❺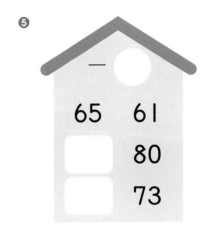

$-$ ◯

65	61
	80
	73

❻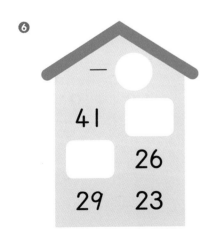

$-$ ◯

41	
	26
29	23

❼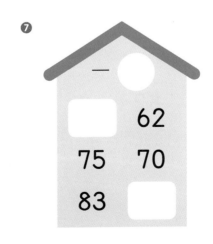

$-$ ◯

	62
75	70
83	

❽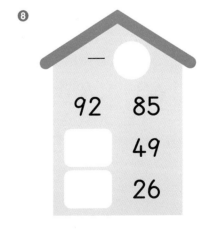

$-$ ◯

92	85
	49
	26

가지셈

◑ 왼쪽 수에서 오른쪽 수를 빼어 아래에 쓴 것입니다. 빈칸에 알맞은 수를 써넣으시오.

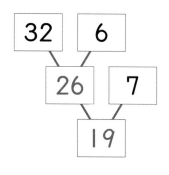

❶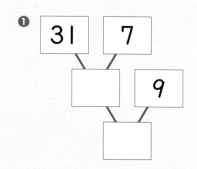

❷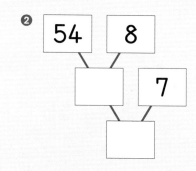

❸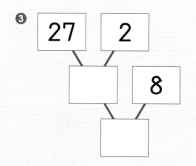

❹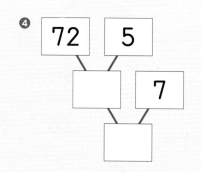

❺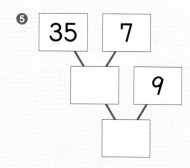

❻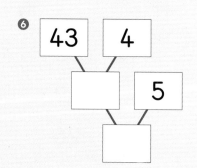

❼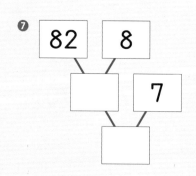

❽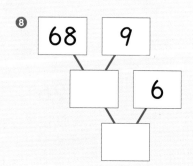

◆ 왼쪽 수에서 오른쪽 수를 빼어 아래에 쓴 것입니다. 빈칸에 알맞은 수를 써넣으시오.

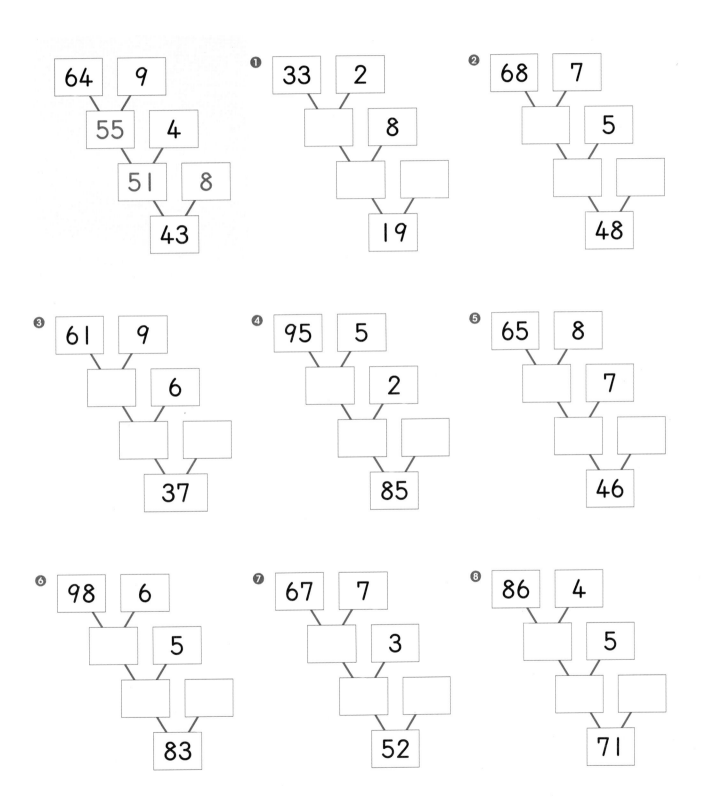

도형 연결

● ●안의 수가 두 수의 차가 되도록 선으로 이으시오.

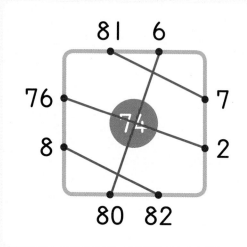

❶
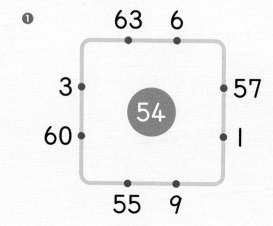

❷
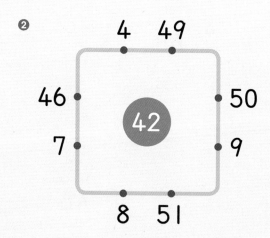

❸
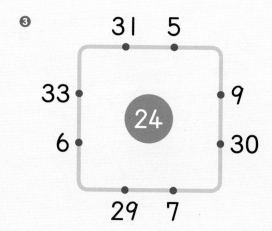

❹
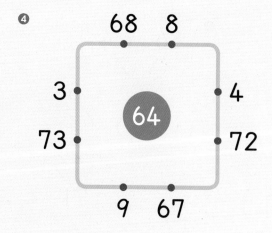

❺
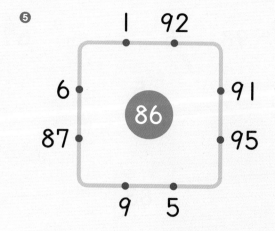

✚ 이어진 두 수의 차가 같도록 선으로 잇고, 차를 ◯ 안에 써넣으시오.

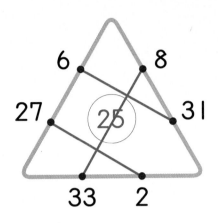

❶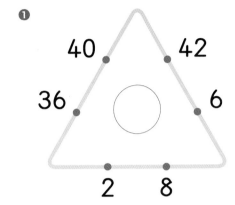

❷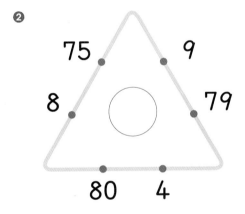

❸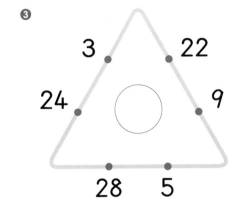

❹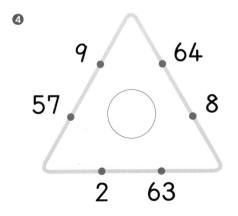

❺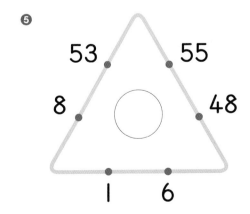

1 빈칸에 알맞은 수를 써넣으시오.

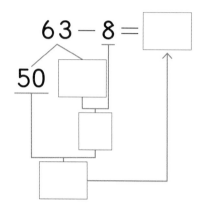

$$63 - 8 = \boxed{}$$

50

2 그림을 보고 빈칸에 알맞은 수를 써넣으시오.

❶
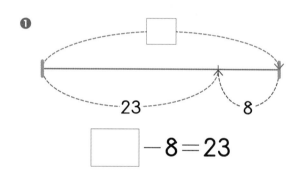

$$\boxed{} - 8 = 23$$

❷
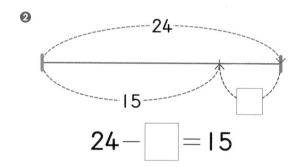

$$24 - \boxed{} = 15$$

3 빈칸에 알맞은 수를 써넣으시오.

❶
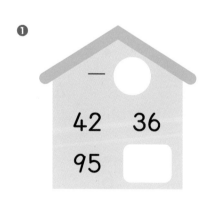

42　36
95

❷
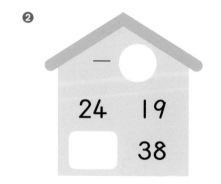

24　19
　　38

46

5 문해결 뺄셈

숫자 카드 목표수

● 숫자 카드를 사용하여 뺄셈식을 완성하시오.

$$\boxed{2}\,\boxed{3} - \boxed{5} = 18$$

❶

$$\boxed{}\,\boxed{} - \boxed{} = 66$$

❷

$$\boxed{}\,\boxed{} - \boxed{} = 37$$

❸

$$\boxed{}\,\boxed{} - \boxed{} = 54$$

❹

$$\boxed{}\,\boxed{} - \boxed{} = 65$$

❺

$$\boxed{}\,\boxed{} - \boxed{} = 87$$

❻

$$\boxed{}\,\boxed{} - \boxed{} = 35$$

❼

$$\boxed{}\,\boxed{} - \boxed{} = 54$$

➕ 숫자 카드를 사용하여 계산 결과에 맞는 뺄셈식을 만드시오.

4	9	6

$46-9 \quad =37$

$94-6 \quad =88$

$64-9 \quad =55$

❶

6	1	3

_____ $=25$

_____ $=7$

_____ $=58$

❷

7	5	2

_____ $=45$

_____ $=18$

_____ $=67$

❸

4	9	8

_____ $=86$

_____ $=39$

_____ $=75$

❹

3	6	7

_____ $=29$

_____ $=56$

_____ $=67$

❺

8	5	2

_____ $=17$

_____ $=44$

_____ $=77$

사탕셈

위에서 아래로, 왼쪽에서 오른쪽으로 뺄셈을 하시오.

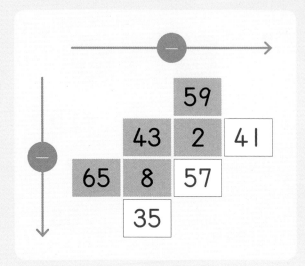

❶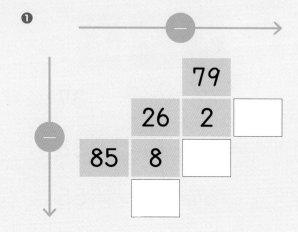

❷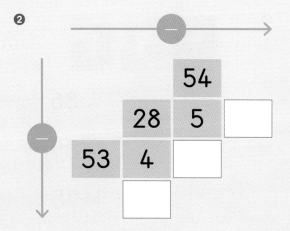

❸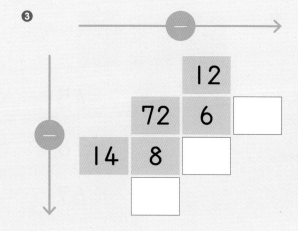

❹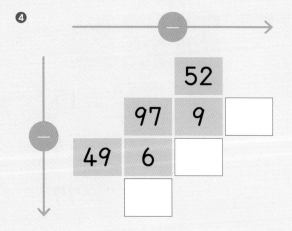

❺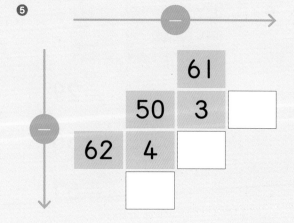

● 빈칸에 알맞은 수를 써넣으시오.

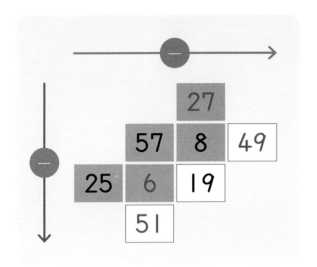

❶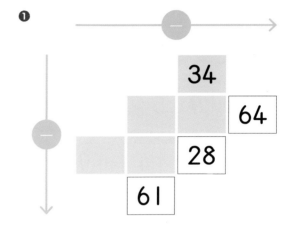

❷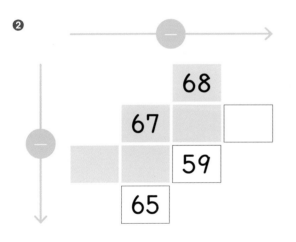

❸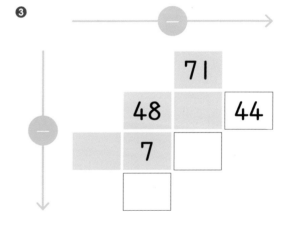

❹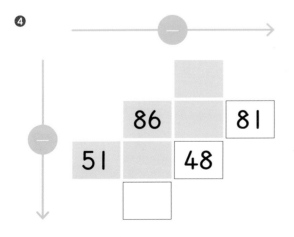

❺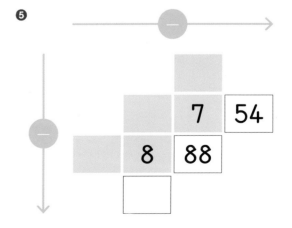

403 큰 차 작은 차

● 숫자 카드 중 세 장을 사용하여 뺄셈식을 완성하시오.

보기

카드: 5 4 3 9

큰 차 : $9\,5 - 3 = 92$

작은 차 : $3\,4 - 9 = 25$

---

① 카드: 6 8 7 2

큰 차 : $\square\square - \square = 85$

작은 차 : $\square\square - \square = 18$

② 카드: 3 7 9 1

큰 차 : $\square\square - \square = 96$

작은 차 : $\square\square - \square = 4$

③ 카드: 4 2 5 8

큰 차 : $\square\square - \square = 83$

작은 차 : $\square\square - \square = 16$

④ 카드: 6 8 2 7

큰 차 : $\square\square - \square = 85$

작은 차 : $\square\square - \square = 18$

⑤ 카드: 3 4 2 9

큰 차 : $\square\square - \square = 92$

작은 차 : $\square\square - \square = 14$

✚ 숫자 카드 중 세 장을 사용하여 (두 자리 수)−(한 자리 수) 계산을 할 때 가장 큰 차와 가장 작은 차를 구하시오.

큰 차 : $65-3=62$

작은 차 : $34-6=28$

①

큰 차 : _____

작은 차 : _____

②

큰 차 : _____

작은 차 : _____

③

큰 차 : _____

작은 차 : _____

④

큰 차 : _____

작은 차 : _____

⑤

큰 차 : _____

작은 차 : _____

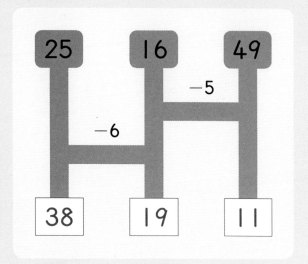

404 **사다리 타기**

◑ 빈칸에 알맞은 수를 써넣으시오.

25	16	49
	−5	
−6		
38	19	11

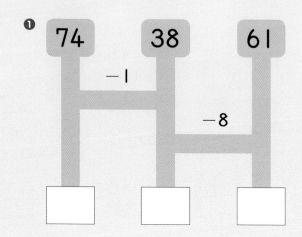

❶

74	38	61
	−1	
	−8	

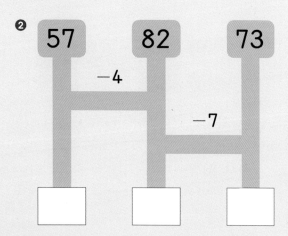

❷

57	82	73
−4		
	−7	

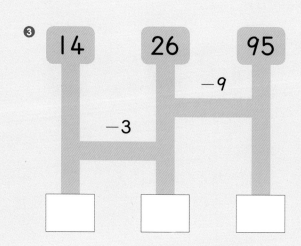

❸

14	26	95
		−9
−3		

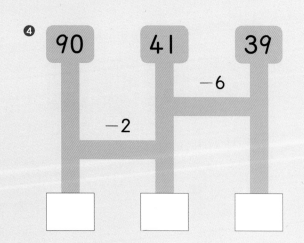

❹

90	41	39
	−6	
−2		

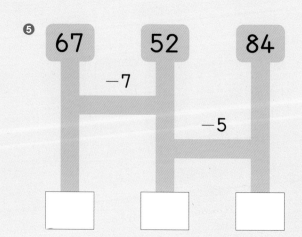

❺

67	52	84
−7		
	−5	

✛ 빈칸에 알맞은 수를 써넣으시오.

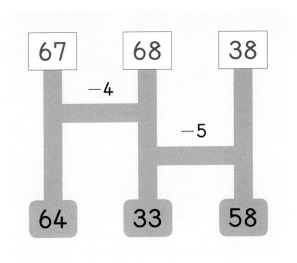

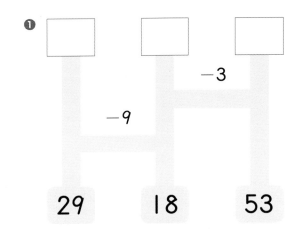

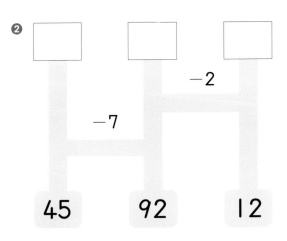

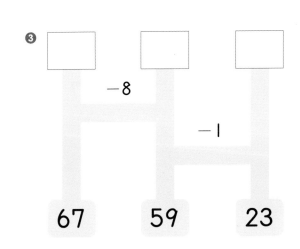

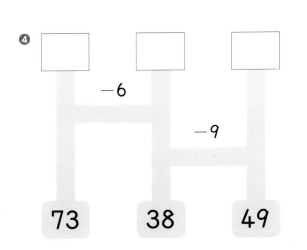

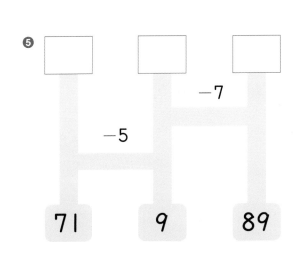

잘 공부했는지 알아봅시다

1 숫자 카드 중에서 세 장을 사용하여 계산 결과가 가장 작은
(두 자리 수) − (한 자리 수)를 구하시오.

2 숫자 카드를 사용하여 계산 결과에 맞는 뺄셈식을 만드시오.

❶

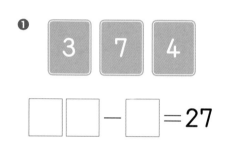

□□ − □ = 27

❷

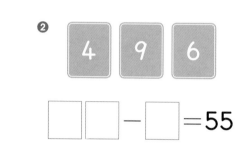

□□ − □ = 55

3 빈칸에 알맞은 수를 써넣으시오.

❶

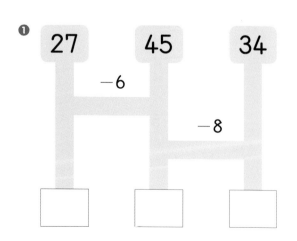

❷

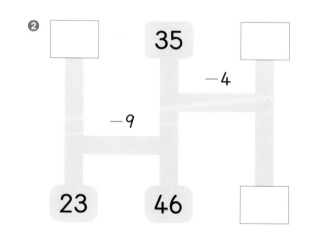

56

6 덧셈과 뺄셈

관계셈

● 덧셈식을 보고 뺄셈식을 두 개 만드시오.

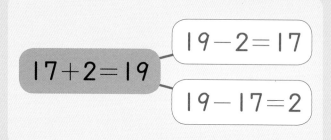

$17+2=19$
$19-2=17$
$19-17=2$

❶ $43+5=48$

❷ $61+4=65$

❸ $72+7=79$

● 뺄셈식을 보고 덧셈식을 두 개 만드시오.

$56-3=53$
$3+53=56$
$53+3=56$

❹ $89-6=83$

❺ $27-5=22$

❻ $98-8=90$

➕ 주어진 수를 사용하여 덧셈식과 뺄셈식을 각각 두 개씩 만드시오.

$$1 + 27 = 28$$
$$27 + 1 = 28$$

1 27 28

$$28 - 27 = 1$$
$$28 - 1 = 27$$

❶ ☐ + ☐ = ☐
   ☐ + ☐ = ☐

6 33 39

☐ − ☐ = ☐
☐ − ☐ = ☐

❷ ☐ + ☐ = ☐
   ☐ + ☐ = ☐

5 61 66

☐ − ☐ = ☐
☐ − ☐ = ☐

❸ ☐ + ☐ = ☐
   ☐ + ☐ = ☐

7 82 89

☐ − ☐ = ☐
☐ − ☐ = ☐

❹ ☐ + ☐ = ☐
   ☐ + ☐ = ☐

9 86 95

☐ − ☐ = ☐
☐ − ☐ = ☐

써클셈

● ○ 안에 알맞은 수를 써넣으시오.

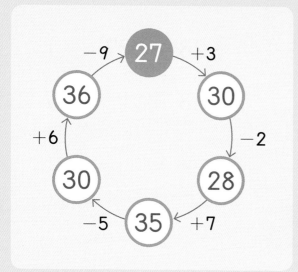

●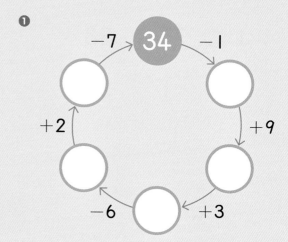

②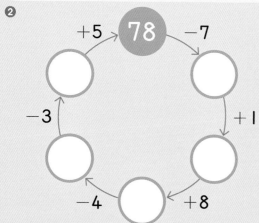

③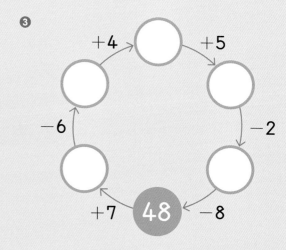

④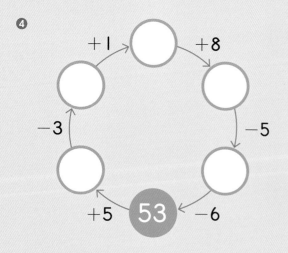

⑤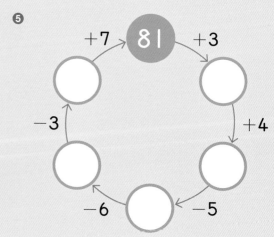

➕ 빈칸을 알맞게 채우시오.

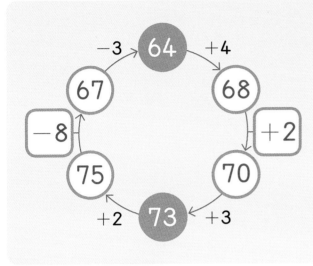

❶
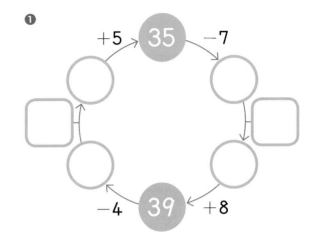

❷
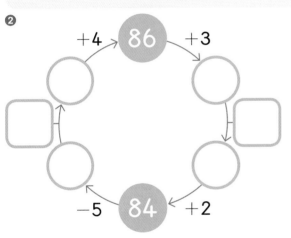

❸
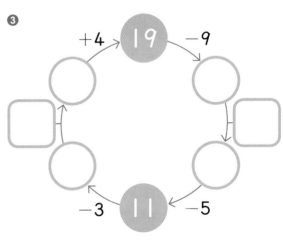

❹
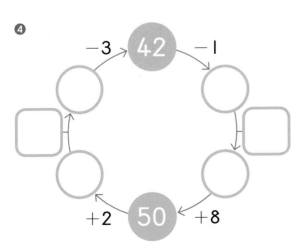

❺
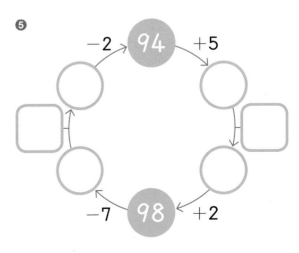

카드 지우기

● 옳은 식이 되도록 카드 한 장을 /로 지우시오.

$$7\ 9 + \cancel{5}\ 8 = 8\ 7$$

❶ $6\ 4 - 1\ 7 = 5\ 7$

❷ $2\ 6 + 4\ 5 = 5\ 1$

❸ $5\ 9\ 3 - 6 = 8\ 7$

❹ $3\ 9 + 1\ 8 = 2\ 1$

❺ $7\ 2 - 3\ 4 = 6\ 8$

❻ $5\ 7 + 3\ 8 = 6\ 0$

❼ $8\ 3\ 4 - 6 = 7\ 8$

❽ $6\ 4\ 5 + 7 = 7\ 2$

❾ $2\ 1 - 9 = 3\ 1\ 2$

❿ $5\ 2 + 9\ 4 = 6\ 1$

⓫ $5\ 4 - 8\ 7 = 4\ 7$

◆ 옳은 식이 되도록 숫자 하나를 /로 지우고 바른 식을 쓰시오.

$26 + \cancel{1}5 = 31$

$26 + 5 = 31$

❶ $34 + 89 = 92$

_____

❷ $745 - 6 = 68$

_____

❸ $18 + 37 = 25$

_____

❹ $62 + 25 = 67$

_____

❺ $436 - 9 = 34$

_____

❻ $87 + 54 = 61$

_____

❼ $28 + 36 = 31$

_____

❽ $614 - 8 = 56$

_____

❾ $129 - 6 = 23$

_____

❿ $41 + 79 = 83$

_____

⓫ $587 - 9 = 48$

_____

합차 두 수

● 두 수의 합과 차를 □ 안에 써넣으시오.

합 | 차
61 53 8 45

❶
합 | 차
□ 21 4 □

❷
합 | 차
□ 67 9 □

❸
합 | 차
□ 48 3 □

❹
합 | 차
□ 13 3 □

❺
합 | 차
□ 75 6 □

❻
합 | 차
□ 86 7 □

❼
합 | 차
□ 32 5 □

❽
합 | 차
□ 94 9 □

❾
합 | 차
□ 68 8 □

❿
합 | 차
□ 70 4 □

⓫
합 | 차
□ 43 2 □

✛ 합과 차에 맞게 두 수를 구하여 큰 수부터 차례로 써넣으시오.

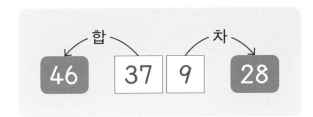

❶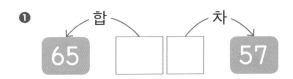

❷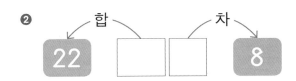

❸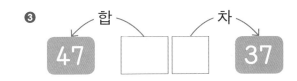

❹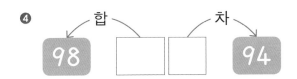

❺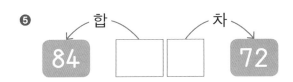

❻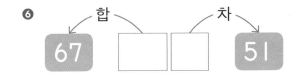

❼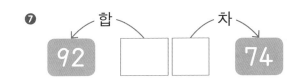

❽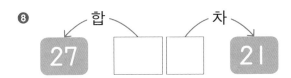

❾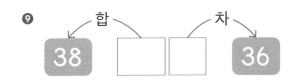

❿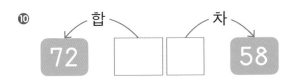

⓫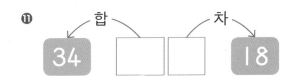

1 수 카드 72 , 8 , 64 를 사용하여 덧셈식 두 개를 만드시오.

2 수직선을 보고 덧셈식 두 개와 뺄셈식 두 개를 만드시오.

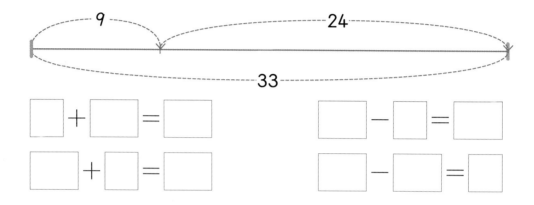

□ + □ = □

□ + □ = □

□ − □ = □

□ − □ = □

3 옳은 식이 되도록 카드 한 장을 /로 지우시오.

❶ 6 4 + 3 8 = 7 2

❷ 5 2 − 7 5 = 4 5

4 두 수 ●와 ■의 합은 32이고, ●와 ■의 차는 16입니다. 두 수를 각각 구하시오.

●+■=32
●−■=16

7

문장제

한 식 문장제

◑ 문제에 맞게 식의 □ 안에 알맞은 수를 써넣으시오.

배구공이 **14**개, 농구공이 **9**개 있습니다. 공은 모두 몇 개 있습니까?

식 : $\boxed{14}$ + $\boxed{9}$ = $\boxed{23}$ (개)

❶ 민주는 선생님께 칭찬 스티커를 **46**개 받았습니다. 소희가 민주보다 **8**개 더 받았습니다. 소희가 받은 칭찬 스티커는 몇 개입니까?

식 : $\boxed{}$ + $\boxed{}$ = $\boxed{}$ (개)

❷ 태희는 어제까지 종이학 **52**개를 접었고, 오늘은 종이학 **5**개를 접었습니다. 태희가 접은 종이학은 모두 몇 개입니까?

식 : $\boxed{}$ + $\boxed{}$ = $\boxed{}$ (개)

❸ 감나무에 감 **71**개가 열렸습니다. 민지네 가족이 감 **4**개를 남기고 모두 땄습니다. 민지네 가족이 딴 감은 모두 몇 개입니까?

식 : $\boxed{}$ - $\boxed{}$ = $\boxed{}$ (개)

❹ 슬기 어머니는 **37**살이고, 슬기는 **9**살입니다. 어머니와 슬기의 나이 차이는 몇 살입니까?

식 : $\boxed{}$ - $\boxed{}$ = $\boxed{}$ (살)

❖ 식과 답을 쓰시오.

오렌지가 **35**개, 사과가 **9**개 있습니다. 오렌지는 사과보다 몇 개 더 있습니까?

식 : __35－9＝26__   답 : __26__ 개

❶ 민우는 어제 윗몸일으키기를 **47**번 하였습니다. 오늘은 어제보다 **6**번 더 하였습니다. 민우는 오늘 윗몸일으키기를 몇 번 하였습니까?

식 : _____   답 : _____ 번

❷ 동생은 딱지 **29**개를 가지고 있고, 형은 동생보다 딱지를 **3**개 더 가지고 있습니다. 형이 가진 딱지는 모두 몇 개입니까?

식 : _____   답 : _____ 개

❸ **85**보다 **7** 작은 수는 얼마입니까?

식 : _____   답 : _____

❹ 도서관에는 동화책이 **54**권, 과학책이 **8**권 있습니다. 동화책은 과학책보다 몇 권 더 많습니까?

식 : _____   답 : _____ 권

□ 문장제

● □를 사용하여 알맞은 식을 쓰시오. 밑줄 친 말을 □로 나타냅니다.

양계장의 닭들이 지난달에는 달걀을 **65**개 낳았고, 이번달에는 지난달보다 몇 개를 더 낳아서 모두 **71**개가 되었습니다.
    □

식 : $65 + \square = 71$

---

❶ 교실에 여학생 몇 명과 남학생 **9**명이 있는데 모두 **21**명입니다.
    □

식 : _____

❷ 진호는 카드 **38**장을 가지고 있었는데 누나가 몇 장을 더 주어 모두 **43**장이 되었습니다.
    □

식 : _____

❸ 풀밭에 토끼가 몇 마리 있었는데 그중 **5**마리가 다른 곳으로 가서 **57**마리가 남았습니다.
    □

식 : _____

❹ 지원이는 사탕을 **23**개 가지고 있었습니다. 동생에게 몇 개를 주었더니 **15**개 남았습니다.
    □

식 : _____

✛ □를 사용한 식을 쓰고 답을 구하시오.

과일 가게에서 키위를 **46**개, 수박을 몇 개 팔았습니다. 과일을 모두 **52**개 팔았다면, 수박은 몇 개 팔았습니까?

식 : __$46 + \square = 52$__   답 : __6__ 개

❶ 철호는 어제까지 과학책을 몇 쪽까지 읽었습니다. 오늘 **6**쪽을 더 읽어 **92**쪽까지 읽었습니다. 어제까지 몇 쪽을 읽었습니까?

식 : _____   답 : _____ 쪽

❷ 진우는 **12**살입니다. 진우는 몇 년 후에 **20**살이 됩니까?

식 : _____   답 : _____ 년

❸ 양계장의 닭들이 오늘 달걀을 몇 개 낳았습니다. 그중에서 **9**개를 먹고 남은 달걀이 **22**개입니다. 오늘 낳은 달걀은 몇 개입니까?

식 : _____   답 : _____ 개

❹ 개미집에 **74**마리의 개미가 있었습니다. 개미가 몇 마리 달아나 **69**마리 남았습니다. 달아난 개미는 몇 마리입니까?

식 : _____   답 : _____ 마리

세 수 문장제

◑ 문제에 맞게 식을 만든 것입니다. □ 안에 알맞은 수를 써넣으시오.

어머니께서는 사탕을 지원이에게 18개, 형에게 7개, 누나에게 8개를 주셨습니다. 어머니께서 나누어주신 사탕은 모두 몇 개입니까?

식 : $\boxed{18} + \boxed{7} + \boxed{8} = \boxed{33}$ (개)

❶ 빨간색 색종이가 7장 있고, 노란색 색종이는 빨간색 색종이보다 9장 더 많습니다. 색종이는 모두 몇 장입니까?

식 : $\boxed{} + \boxed{} + \boxed{} = \boxed{}$ (장)

❷ 저금통 안에 500원, 100원, 50원짜리 동전이 모두 41개 있습니다. 500원짜리가 5개, 100원짜리가 8개 있다면 50원짜리 동전은 몇 개입니까?

식 : $\boxed{} - \boxed{} - \boxed{} = \boxed{}$ (개)

❸ 선재는 구슬 62개를 가지고 있습니다. 선재는 누나에게 구슬 3개를, 동생에게 4개를 주었습니다. 선재에게 남은 구슬은 몇 개입니까?

식 : $\boxed{} - \boxed{} - \boxed{} = \boxed{}$ (개)

❹ 25명이 타고 있던 버스에 첫 번째 정류장에서 6명이 타고, 두 번째 정류장에서 8명이 내렸습니다. 버스에 타고 있는 사람은 모두 몇 명입니까?

식 : $\boxed{} + \boxed{} - \boxed{} = \boxed{}$ (명)

➕ 식과 답을 쓰시오.

학급 문고를 만들기 위해 책을 모았습니다. 동화책은 **53**권, 위인전은 **6**권, 과학책은 **4**권 모았습니다. 책은 모두 몇 권이 되었습니까?

식 : $53+6+4=63$ 답 : 63 권

① 공깃돌을 현우는 **18**개, 민주는 **7**개, 소연이는 **6**개를 모았습니다. 세 사람이 모은 공깃돌은 모두 몇 개입니까?

식 : _____   답 : _____ 개

② 빨간색 구슬이 **27**개, 파란색 구슬이 **6**개 있습니다. 노란색 구슬이 빨간색 구슬과 파란색 구슬을 더한 것보다 **8**개 적다면 노란색 구슬은 몇 개입니까?

식 : _____   답 : _____ 개

③ 코끼리 열차에 **43**명이 타고 있었습니다. 동물원에서 **8**명이 내리고 식물원에서 **9**명이 내렸습니다. 지금 코끼리 열차에 타고 있는 사람은 몇 명입니까?

식 : _____   답 : _____ 명

④ 쿠키 상자에 쿠키가 **80**개 들어 있었습니다. 진세는 쿠키 **5**개를, 하제는 쿠키 **2**개를 먹었습니다. 남은 쿠키는 모두 몇 개입니까?

식 : _____   답 : _____ 개

어떤 수 구하기

● □를 사용한 식으로 나타내시오.

어떤 수에 **7**을 더하였더니 **65**가 되었습니다.

식 : $\square + 7 = 65$

① 어떤 수에 **5**를 더하였더니 **37**이 되었습니다.

식 : _____

② **8**에 어떤 수를 더하였더니 **46**이 되었습니다.

식 : _____

③ 어떤 수와 **3**의 차는 **72**입니다. 단, 어떤 수는 **3**보다 큽니다.

식 : _____

④ **22**와 어떤 수의 차는 **14**입니다. 단, 어떤 수는 **22**보다 작습니다.

식 : _____

⑤ **81**에서 어떤 수를 뺐더니 **79**가 되었습니다.

식 : _____

✦ 어떤 수를 구하고, 물음에 답하시오.

어떤 수에 **7**을 더해야 할 것을 잘못하여 **9**를 더하였더니 **34**가 되었습니다. 바르게 계산하면 얼마입니까?

어떤 수 : $\square + 9 = 34, \square = 25$

계산하기 : $25 + 7 = 32$

❶ 어떤 수와 **5**의 합은 **49**입니다. 어떤 수에 **8**을 더하면 얼마입니까?

어떤 수 : _____

계산하기 : _____

❷ 어떤 수에 **7**을 더해야 할 것을 잘못하여 뺐더니 **41**이 되었습니다. 바르게 계산하면 얼마입니까?

어떤 수 : _____

계산하기 : _____

❸ 어떤 수에서 **6**을 뺐더니 **67**입니다. 어떤 수와 **8**의 차는 얼마입니까?

어떤 수 : _____

계산하기 : _____

❹ 어떤 수에서 **2**를 빼야 할 것을 잘못하여 **6**을 뺐더니 **88**이 되었습니다. 바르게 계산하면 얼마입니까?

어떤 수 : _____

계산하기 : _____

잘 공부했는지 알아봅시다

1 식으로 나타내고 답을 구하시오.

❶ 56보다 7 큰 수

❷ 81과 6의 차

_____

_____

2 송이네 집에는 귤이 44개가 있었습니다. 오늘 가족들이 8개를 먹었다면 남은 귤은 몇 개입니까?

식 : _____   답 : _____ 개

3 윤호는 목걸이를 만드는 데 34개의 구슬을 사용했습니다. 윤호가 사용한 구슬은 지호가 사용한 구슬보다 8개가 많았다고 합니다. 지호가 목걸이를 만드는 데 사용한 구슬은 몇 개인지 □를 사용한 식으로 나타내시오.

식 : _____

4 버스에 35명이 타고 있었습니다. 정류장에 도착하여 7명이 내리고 9명이 탔습니다. 지금 버스에 타고 있는 사람은 몇 명입니까?

식 : _____   답 : _____ 명

5 어떤 수에 7을 더해야 할 것을 잘못하여 뺐더니 76이 되었습니다. 바르게 계산한 답을 구하시오.

8 문해결 연산

● 계산기의 버튼을 차례로 눌렀습니다. 액정에 계산 결과를 써넣으시오.

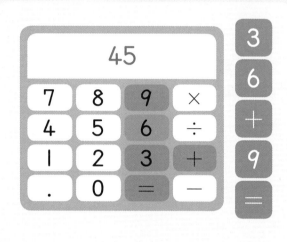

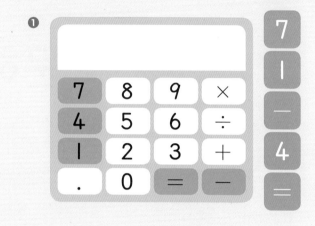

①

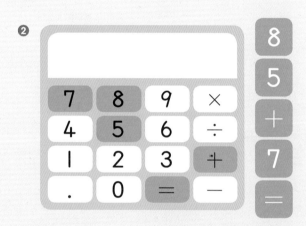

②

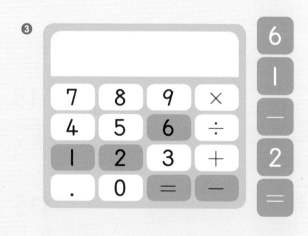

③

④

⑤

⊕ 계산 결과에 맞게 버튼을 누르는 방법을 네 가지 쓰시오.

35

7	8	9	×
4	5	6	÷
1	2	3	+
.	0	=	−

3	2	+	3	=
4	2	−	7	=
2	8	+	7	=
3	8	−	3	=

❶

76

7	8	9	×
4	5	6	÷
1	2	3	+
.	0	=	−

	1			=
	1			=
	9			=
	9			=

❷

81

7	8	9	×
4	5	6	÷
1	2	3	+
.	0	=	−

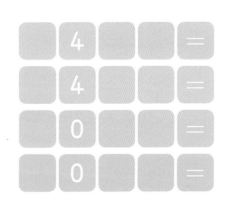

	4			=
	4			=
	0			=
	0			=

대소셈

● □ 안에 들어갈 수 있는 수에 ○표 하시오.

$47 + \square < 51$

③ 4 5

① $85 + \square > 91$

5 6 7

② $26 + \square < 32$

4 6 8

③ $54 + \square < 62$

7 8 9

④ $79 + \square > 84$

3 5 7

⑤ $38 + \square > 42$

1 4 7

⑥ $63 - \square > 57$

9 7 5

⑦ $21 - \square < 19$

1 2 3

⑧ $41 - \square > 35$

9 6 3

⑨ $92 - \square > 88$

7 4 1

✦ **1**에서 **9**까지의 수 중 □ 안에 들어갈 수 있는 수를 모두 쓰시오.

$35 + \square < 42$

1, 2, 3, 4, 5, 6

❶ $62 + \square < 65$

❷ $49 + \square < 53$

❸ $27 + \square > 31$

❹ $58 + \square > 65$

❺ $16 + \square > 22$

❻ $72 - \square < 69$

❼ $81 - \square < 74$

❽ $39 - \square > 35$

❾ $65 - \square > 61$

트럼프셈

● 같은 모양은 같은 수를 나타냅니다. □ 안의 알맞은 수를 써넣으시오.

$15 + 8 = ♣$

$♣ - 8 = ♠$

$♠ + 3 = ◆$

$◆ = \boxed{18}$

❶

$43 - 4 = ♣$

$♣ + 5 = ♠$

$♠ - 3 = ◆$

$◆ = \boxed{}$

❷ $36 - 9 = ♣$

$♣ + 4 = ♠$

$♠ + 8 = ◆$

$◆ = \boxed{}$

❸ $48 + 7 = ♣$

$♣ - 9 = ♠$

$♠ + 7 = ◆$

$◆ = \boxed{}$

❹ $62 + 4 = ♣$

$♣ - 5 = ♠$

$♠ - 6 = ◆$

$◆ = \boxed{}$

❺ $74 + 8 = ♣$

$♣ + 3 = ♠$

$♠ + 8 = ◆$

$◆ = \boxed{}$

✚ 같은 모양은 같은 수를 나타냅니다. □ 안의 알맞은 수를 써넣으시오.

$39 + 2 + 4 = ♣$

$♣ + 5 + 7 = ♠$

$♠ - 6 + 2 = ◆$

$◆ = \boxed{53}$

❶ $16 + 5 + 5 = ♣$

$♣ - 6 + 3 = ♠$

$♠ + 4 - 8 = ◆$

$◆ = \boxed{}$

❷ $24 + 9 - 2 = ♣$

$♣ - 2 - 4 = ♠$

$♠ + 9 + 3 = ◆$

$◆ = \boxed{}$

❸ $63 - 8 - 1 = ♣$

$♣ + 8 - 3 = ♠$

$♠ - 5 - 7 = ◆$

$◆ = \boxed{}$

❹ $71 - 3 - 5 = ♣$

$♣ + 7 + 4 = ♠$

$♠ + 3 - 4 = ◆$

$◆ = \boxed{}$

❺ $88 - 4 + 9 = ♣$

$♣ - 6 - 5 = ♠$

$♠ - 8 + 1 = ◆$

$◆ = \boxed{}$

약속셈

약속에 맞게 계산한 것입니다. 빈칸에 알맞은 수를 써넣으시오.

약속

$$■\odot● = ■ + ● + ●$$

$21 \odot 7 = 21 + \boxed{7} + 7$

$\qquad = \boxed{35}$

$36 \odot 4 = \boxed{36} + 4 + \boxed{4}$

$\qquad = \boxed{44}$

❶ 약속

$$■\diamond● = ■ + ● - ●$$

$32 \diamond 9 = 32 + \boxed{} - 9$

$\qquad = \boxed{}$

$57 \diamond 8 = \boxed{} + 8 - \boxed{}$

$\qquad = \boxed{}$

❷ 약속

$$■\boxdot● = ■ - ● + ■$$

$12 \boxdot 5 = 12 - \boxed{} + 12$

$\qquad = \boxed{}$

$15 \boxdot 6 = \boxed{} - 6 + \boxed{}$

$\qquad = \boxed{}$

❸ 약속

$$■\triangle● = ■ - ● - ●$$

$44 \triangle 1 = 44 - \boxed{} - 1$

$\qquad = \boxed{}$

$36 \triangle 3 = \boxed{} - 3 - \boxed{}$

$\qquad = \boxed{}$

● 약속에 맞게 계산하시오.

약속

$$■ \odot ● = ■ + ● + ●$$

$24 \odot 3 = \boxed{30}$

$51 \odot 5 = \boxed{61}$

❶ 약속

$9 \diamond 7 = \boxed{}$

$4 \diamond 23 = \boxed{}$

❷ 약속

$14 \odot 7 = \boxed{}$

$16 \odot 9 = \boxed{}$

❸ 약속

$27 \triangle 4 = \boxed{}$

$50 \triangle 6 = \boxed{}$

❹ 약속

$42 \triangledown 6 = \boxed{}$

$53 \triangledown 8 = \boxed{}$

❺ 약속

$$■ \odot ● = ■ + ● + ●$$

$38 \odot 5 = \boxed{}$

$46 \odot 7 = \boxed{}$

잘 공부했는지 알아봅시다

1 I에서 **9**까지의 수 중에서 □ 안에 알맞은 수를 모두 구하시오.

$$70 - \square < 63$$

2 계산 결과에 맞게 계산기의 버튼을 누르는 방법을 네 가지 쓰시오.

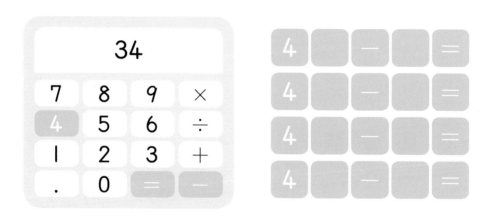

3 ◆가 나타내는 수는 얼마입니까?

$$27 + 8 = \clubsuit$$
$$\clubsuit - 9 + 7 = \spadesuit$$
$$\spadesuit + 8 - 3 = \blacklozenge$$

86

MEMO

MEMO

사고셈

정답 및 해설
Guide Book

초등2 1호

두 자리 수와 한 자리 수의 덧셈과 뺄셈

1권 해설

NE

385 가르기 덧셈

● 몇십이 되도록 선을 긋고, 빈칸에 알맞은 수를 써넣으시오.

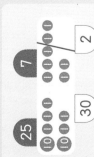

$25+7=32$

25와 모아서 30이 되도록 7을
5와 2로 가릅니다.

$17+5=22$

17과 모아서 20이 되도록 5를
3과 2로 가릅니다.

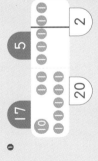

$34+8=42$

$28+6=34$

$19+4=23$

$43+9=52$

● 몇십이 되도록 더하는 수를 갈라 덧셈을 하시오.

$74+7=81$ → 6, 1 / 80 / 81

74와 모아서 80이
되도록 7을 6과 1로
가릅니다.

$53+8=61$ → 7, 1 / 60 / 61

$36+5=41$ → 4, 1 / 40 / 41

$18+4=22$ → 2, 2 / 20 / 22

$67+6=73$ → 3, 3 / 70 / 73

$85+7=92$ → 5, 2 / 90 / 92

$45+6=51$ → 5, 1 / 50 / 51

45와 모아서 50이
되도록 6을 5와 1로
가릅니다.

$89+6=95$ → 1, 5 / 90 / 95

$78+9=87$ → 2, 7 / 80 / 87

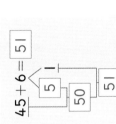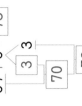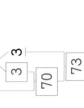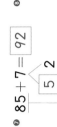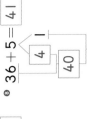

1 주차

386 갈림길

● 계산에 맞게 선을 그으시오.

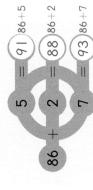

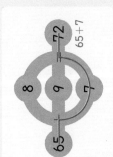
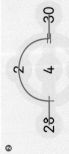
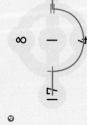
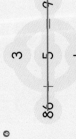
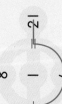

● 계산에 맞게 빈칸에 알맞은 수를 써넣으시오.

①
23 + 4 = 27 (23+4)
9 = 32 (23+9)
7 = 30 (23+7)

③
47 + 3 = 50
4 = 51
6 = 53

⑤
16 + 5 = 21
3 = 19
7 = 23

⑦
86 + 5 = 91 (86+5)
2 = 88 (86+2)
7 = 93 (86+7)

②
54 + 7 = 61
4 = 58
9 = 63

④
77 + 2 = 79
4 = 81
9 = 86

387 고치기

● 틀린 답을 찾아 바르게 고치시오.

①

28+3=31
95+4=99
27+6=2̶3̶ 33
36+7=43

②

23+6=29
86+9=9̶4̶ 95
24+7=31
53+8=61

③

63+7=70
32+3=35
75+5=80
48+2=4̶0̶ 50

④

76+6=8̶4̶ 82
48+8=56
64+6=70
27+3=30

⑤

55+5=60
24+9=33
93+4=9̶8̶ 97
84+8=92

● 틀린 답을 찾아 바르게 고치시오.

받아올림한 수를 빼뜨리
고 계산하는 경우가 종
종 있습니다.
계산이 익숙해질 때까지
받아올림한 수를 기록하
여 계산하도록 하는 것
도 실수를 줄이는 하나
의 방법입니다.

①

```
  2 1        9 7        4 2        6 6        5 8
+ 4        +  2        +  9        +  7        +  5
 2 5        9 9        5 1        7 3        6̶4̶
                                              6 3
```

②

```
  7 9        4 7        1 5        6 6        5 8
+  6        +  8        +  1        +  7        +  5
 8 5        4̶5̶        1 6        7 3        6 3
             5 5
```

③

```
  6 0        8 8        2 8        7 3        5 2
+  8        +  4        +  6        +  9        +  3
 6 8        9 2        3 4        7̶6̶        5 5
                                   8 2
```

④

```
  9 5        1 7        6 4        3 9        4 6
+  8        +  5        +  7        +  2        +  1
1 0 3        2 2        6̶3̶        4 1        4 7
                         7 1
```

1 주차

모으기셈

388

● 선으로 연결된 두 수를 모으기 하여 빈칸에 알맞은 수를 써넣으시오.

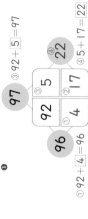

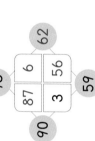

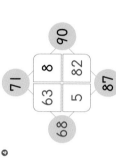

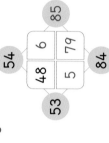

두 수를 빈칸에 더해도 ⊕ ● 안의 수는 선으로 연결된 두 수의 합입니다. 빈칸에 알맞은 수를 써넣으시오.
계산 결과가 같으므로 순서를 생각하여 문제를 해결합니다.
9+31은 31+9와 같
이 생각하여 계산합니다.

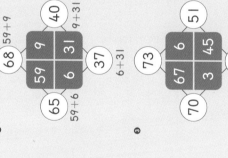

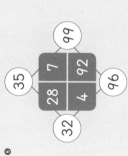

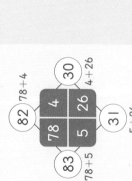

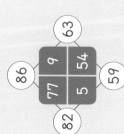

잘 공부했는지 알아봅시다

월 일

1 □ 안에 알맞은 수를 써넣으시오.

① 76 + 8 = 84

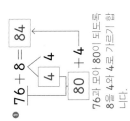

80 + 4

76과 모아 80이 되도록 8을 4와 4로 가르기 함니다.

② 43 + 9 = 52

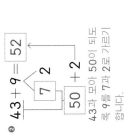

50 + 2

43과 모아 50이 되도록 9를 7과 2로 가르기 함니다.

2 바르게 계산한 것은 어느 것입니까?

① 65
  + 7
  6̸2̸
  72

② 73
  + 8
  7̸5̸
  81

③ 47
  + 7
  4̸4̸
  54

④ (○) 54
  + 9
  63

⑤ 87
  + 6
  8̸1̸
  93

3 관계 있는 것끼리 선으로 이으시오.

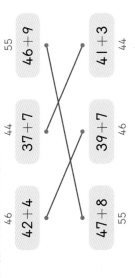

46+9
55

37+7
44

42+4
46

41+3
44

39+7
46

47+8
55

P.16

1 주차

16

389 숫자 카드 세로셈

● 주어진 숫자 카드를 모두 사용하여 덧셈식을 완성하시오.

일의 자리 수끼리의 덧셈에서 두 수를 바꾸어
도 계산 결과가 같으므
로 두 수를 바꾸어 세로
정답입니다.

● 주어진 숫자 카드를 모두 사용해서 덧셈식을 만드시오.

390 짝꿍

● 합이 같도록 두 수씩 짝을 지으시오.

왼쪽과 오른쪽 선의 모양이 바뀌어도 됩니다.

① 28+3=31, 24+7=31
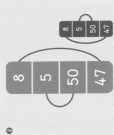

28 | 3 | 24 | 7

② 85 | 80 | 1 | 6

| 85 | 80 | 1 | 6 |

③ 8 | 5 | 50 | 47

| 8 | 5 | 50 | 47 |

④ 68 | 4 | 63 | 9

⑤ 34 | 38 | 7 | 3

⑥ 2 | 48 | 8 | 54

⑦ 4 | 37 | 41 | 8

⑧ 6 | 86 | 5 | 85

⑨ 2 | 79 | 72 | 9

20

● 연결된 두 수의 합이 서로 같습니다. 빈칸에 알맞은 수를 써넣으시오.

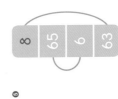

34 | 6 | 9 | 37
43, 6+37=43, 2+18=20

① 2 | 13 | 7 | 18
2+18=20, 20

② 57 | 52 | 4 | 9
57+4=61, 61

③ 56 | 58 | 3 | 1

④ 81 | 2 | 76 | 7

⑤ 8 | 65 | 6 | 63

⑥ 90 | 85 | 4 | 9

⑦ 32 | 5 | 28 | 1

⑧ 74 | 6 | 75 | 5

② 주차

391 두 수 묶기

● 안의 수가 합이 되는 두 수를 찾아 ◯ 또는 ▢를 그리시오.

34
28 + 6 = 34
28	6
4	31

28
27	7
5	23

97
92	9
6	88

36
28	8
5	29

23
19	6
7	16

❶ **74**
65	6
9	64
65 + 9 = 74

❸ **59**
51	8
9	49

❺ **82**
75	6
7	73

❼ **41**
42	1
9	40

❾ **77**
74	3
9	69

● 안의 수가 합이 되는 두 수를 찾아 ◯ 또는 ▢를 그리시오.

81
4	75	8
74	7	80
74 + 7 = 81

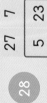
91
88	4	87
2	86	6

39
8	29	9
31	7	28

54
9	50	7
49	6	47

63
4	59	3
60	5	61

❶ **66**
59	8	60
9	58	7

❸ **47**
45	2	38
6	43	8

❺ **84**
80	2	81
3	79	5

❼ **72**
65	9	70
8	64	3

❾ **25**
16	7	14
9	20	4

392 바람개비

● 가로, 세로로 두 수의 합을 빈칸에 써넣으시오.

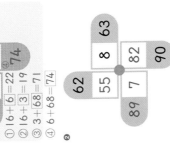

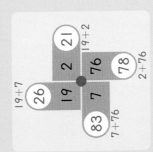

● 가로, 세로로 두 수의 합입니다. 빈칸에 알맞은 수를 써넣으시오.

순서를 생각하여 문제를 해결합니다.

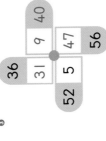

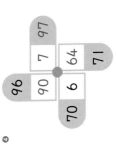

❷ 주차

잘 공부했는지 알아봅시다

1 빈칸에 알맞은 수를 써넣으시오.

❶

+8	
38	46
65	73

38+8=46

65+8=73

❷

+7	
54	61
76	83

54+7=61

76+7=83

2 수 카드에서 합이 34가 되는 두 수를 찾아 ○표 하시오.

 31   4   25   28   8   6

28+6=34

3 주어진 숫자 카드를 모두 사용하여 오른쪽 덧셈식을 완성하시오.

3 5   6 7

더하는 일의 자리 숫자를
바꾸어 써도 됩니다.

	4	6
+	7	
	5	3

	4	7
+	6	
	5	3

393 자동차 길

● 길을 따라 계산하여 빈칸에 알맞은 수를 써넣으시오.

● 계산 결과에 맞게 자동차 길을 그으시오.

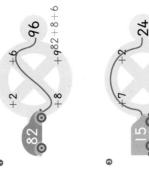

③ 주차

394 애드벌룬

● 세 수의 합이 ⬜ 안의 수가 되도록 필요 없는 풍선에 ×표 하시오.

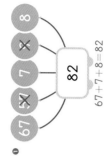

$17+8+3=28$

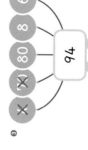

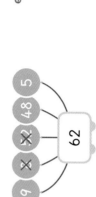

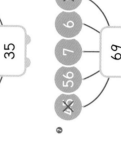

$49+1+7=57$

● 세 수의 합이 ⬜ 안의 수가 되도록 필요 없는 두 개의 풍선에 ×표 하시오.

$34+4+6=44$

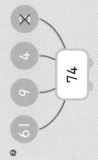

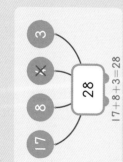

$67+7+8=82$

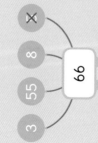

395   + 지우기

● / 표시된 +를 지우고 두 자리 수를 만든 다음 덧셈을 하시오.

3+4✗6+7= 56
　　　3+46+7

◎ 5+1+8✗2= 88
　　　　82
　　5+1+82

② 2✗9+5+5= 39

⑤ 6✗7+1+4= 72

③ 8+3+3✗9= 50

⑦ 4✗2+6+5= 53

⑥ 1✗7+4+2= 23

⑨ 3+9✗1+5= 99

⑧ 6+7✗6+8= 90

⑪ 5+8+3✗4= 47

⑩ 9+5+6✗4= 78

⑫ 2✗4+7+8= 39

⑫ 4+4✗1+2= 47

⑬ 7+3✗6+5= 48

+를 차례로 하나씩 지우고 덧셈식에 맞게 +를 하나 지우고 올바른 식을 쓰시오.

58+3+2=(63)
5+83+2=90
5+8+32=45

5✗8+3+2=63　　58+3+2=63

① 1+6+8✗9=96　　1+6+89=96

② 2+3✗7+5=44　　2+37+5=44

③ 9+4+6✗2=75　　9+4+62=75

④ 7✗5+8+5=88　　75+8+5=88

⑤ 2✗1+4+9=34　　21+4+9=34

⑥ 6+1✗3+8=27　　6+13+8=27

⑦ 7+2+4✗3=52　　7+2+43=52

+를 차례로 하나씩 지우며 덧셈을 계산해 봅니다.

❸ 주차

396 과녁셈

● 화살 세 개를 쏘았습니다. 모두 몇 점입니까?

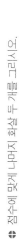

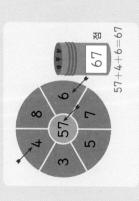

$57+4+6=67$

67 점

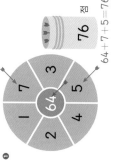

$64+2+3=69$

69 점

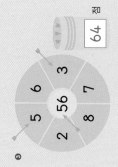

59 점

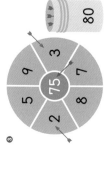

64 점

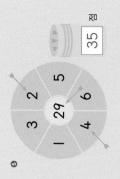

92 점

35 점

44 점

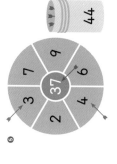

97 점

● 점수에 맞게 나머지 화살 두 개를 그리시오.

수 하나에 화살이 두 개 꽂힐 수 있다는 점에 주의합니다.

$64+7+5=76$

76 점

80 점

$38+6+6=50$

50 점

51 점

잘 공부했는지 알아봅시다

1 계산 결과에 맞게 자동차 길을 그으시오.

56+9+8=73

2 덧셈식에 맞게 +를 하나 지우고 올바른 식을 쓰시오.

❶ 3+7+8+4=49

37+8+4=49

37+8+4=49
3+78+4=85
3+7+84=94

❷ 7+5+4+2=54

7+5+42=54

75+4+2=81
7+54+2=63
7+5+42=54

+를 하나씩 앞에 옮겨 보면서 계산해 봅니다.

3 화살을 세 개를 쏘았습니다. 점수에 맞게 나머지 두 개의 화살을 그리시오.

❶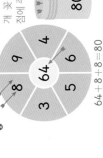

46+6+8=60

60 점

❷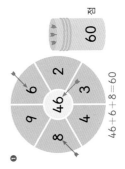

64+8+8=80

80 점

수 하나에 화살이 두 개 꽂힐 수 있다는 점에 주의합니다.

④ 주차

397 가르기 뺄셈

● 몇십과 십 몇으로 가르기 한 것입니다. 빼는 수만큼 /로 지우고 빈칸을 채우시오. 일의 자리의 수끼리 뺄 수 없으면 십의 자리에서 10을 받아내림하여 계산합니다.

❶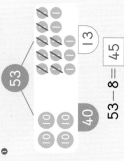

32 − 7 = 25

❷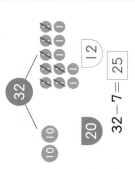

61 − 5 = 56

❸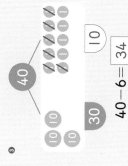

53 − 8 = 45

❹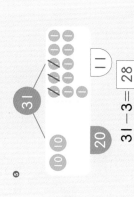

75 − 8 = 67

❺ 40 − 6 = 34

❺ 31 − 3 = 28

일

● 몇십과 십 몇으로 갈라 뺄셈을 하시오.

❶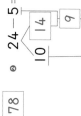

67 − 9 = 58

❷

85 − 7 = 78

❸

24 − 5 = 19

❸ 33 − 8 = 25

❹ 58 − 9 = 49

❺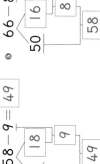

66 − 8 = 58

❻ 71 − 4 = 67

❼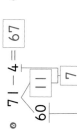

42 − 6 = 36

❽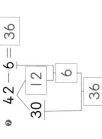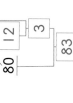

92 − 9 = 83

일의 자리의 수끼리 뺄 수 없으므로 (십 몇)−(몇)을 할 수 있게 몇십과 십몇으로 가릅니다.

398 하우스

● 뺄셈을 하여 빈칸에 알맞은 수를 써넣으시오.

월 일

● 빈칸에 알맞은 수를 써넣으시오.

○ 안의 수를 먼저 구합니다.

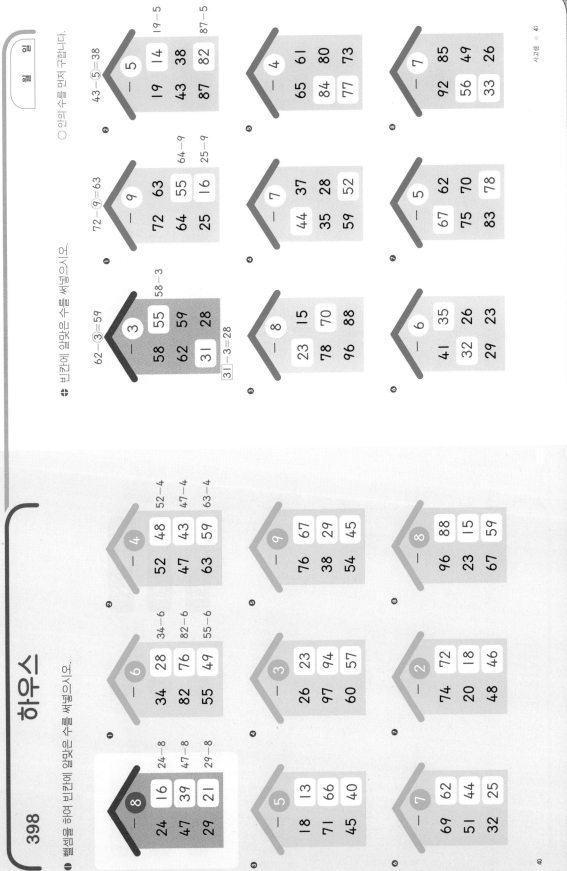

④ 주차

399 가지셈

● 왼쪽 수에서 오른쪽 수를 빼어 아래에 쓴 것입니다. 빈칸에 알맞은 수를 써넣으시오.

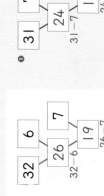

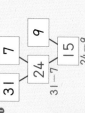

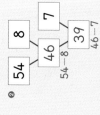

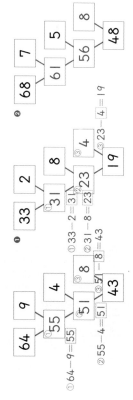

① 32 − 6 = 26
26 − 7 = 19

② 54 8
46
54 − 8
39
46 − 7

⑤ 35 7
28
19

⑧ 68 9
59
53

① 31 7
24
31 − 7
15
24 − 9

④ 72 5
67
7
60

⑦ 82 8
74
7
67

③ 27 2
25
8
17

⑥ 43 4
39
5
34

● 왼쪽 수에서 오른쪽 수를 빼어 아래에 쓴 것입니다. 빈칸에 알맞은 수를 써넣으시오.

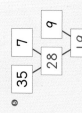
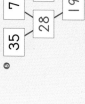
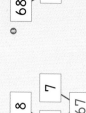
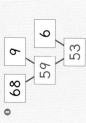
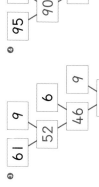
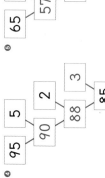

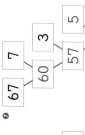
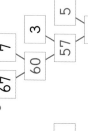
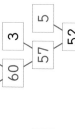
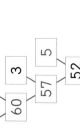

② 68 7
61 5
56 8
48

⑤ 65 8
57 7
50 4
46

⑧ 86 4
82 5
77 6
71

① 33 2
① 31 8
31 ③
23 23 4
② 23 − 4 = 19
19
① 33 − 2 = 31
② 31 − 8 = 43

64 9
① 55 4
③ 8
51 51 ③
8
43
① 64 − 9 = 55
② 55 − 4 = 51

④ 95 5
90 2
88 3
85

⑦ 67 7
60 3
57 5
52

③ 61 9
52 6
46 9
37

⑥ 98 6
92 5
87 4
83

42

도형 연결

400

● 안의 수가 두 수의 차가 되도록 선으로 이으시오.

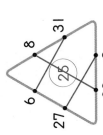

81 6
76
8
81−7=74
2 76−2=74
82 82−8=74
80−6=74 80

74

①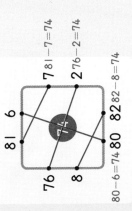

63 6 60−6=54
3
60
57 57−3=54
1
55−1=54 55 9 63−9=54

54

②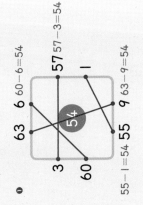

4 49
46
7
50
9
8 51

42

③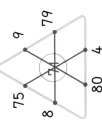

31 5
33
6
9
30
29 7

24

④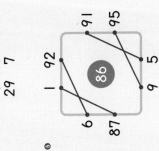

68 8
3
73
4
72
9 67

64

⑤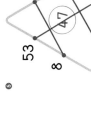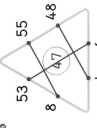

1 92
6
87
91
95
9 5

86

● 이어진 두 수의 차가 같도록 선으로 잇고, 차를 ◯ 안에 써넣으시오.

①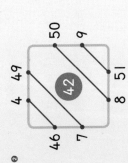

42 6
40
36
8
34
2

2, 6, 8 중 가장 큰 수인 8과
36, 40, 42 중 가장 큰 두 자리 수 중
42를 잇고 차를 구합니다.

한 자리 수 중 가장 큰 수와 두 자리 수 중
가장 큰 수를 잇고 차를 구합니다.

②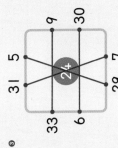

8 31
6
27
25
33
2

2, 6, 8 중 가장 큰 수인 8과
27, 31, 33 중 가장 큰 수인
33을 잇고 차를 구합니다.

③

3 22
24
9
5
28
19

④

57 64
9
8
55
2
63

⑤

53 55
8
47
48
6
1

45

④ 주차

잘 공부했는지 알아봅시다

월   일

1 빈칸에 알맞은 수를 써넣으시오.

$63 - 8 = \boxed{55}$

$\boxed{50}$ $\boxed{13}$ $\boxed{5}$ $\boxed{55}$

2 그림을 보고 빈칸에 알맞은 수를 써넣으시오.

❶
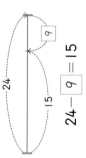

$31 - 8 = 23$

❷
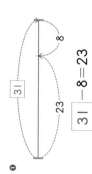

$24 - \boxed{9} = 15$

3 빈칸에 알맞은 수를 써넣으시오.

❶
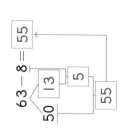

−	6
42	36
95	89

$42 - ⑥ = 36$
$95 - 6 = \boxed{89}$

❷

−	5
24	19
43	38

$24 - ⑤ = 19$
$\boxed{43} - 5 = 38$

46

401 숫자 카드 목표수

● 숫자 카드를 사용하여 뺄셈식을 완성하시오.

[보기] 2 5 3
2 3 − 5 = 18
뺄셈 결과가 18이므로
1 또는 2가 들어갑니다.

❶ 5 7 1
7 1 − 5 = 66
뺄셈 결과가 66이므로
6 또는 7이 들어갑니다.

❷ 6 9 4
4 6 − 9 = 37

❸ 2 6 8
6 2 − 8 = 54

❺ 9 2 5
9 2 − 5 = 87

❹ 3 7 8
7 3 − 8 = 65

❻ 1 4 6
4 1 − 6 = 35

❼ 3 9 6
6 3 − 9 = 54

● 숫자 카드를 사용하여 계산 결과에 맞는 뺄셈식을 만드시오.

❶ 6 1 3
31 − 6 = 25
13 − 6 = 7
61 − 3 = 58

❷ 4 9 6
46 − 9 = 37
94 − 6 = 88
64 − 9 = 55

❸ 4 9 8
94 − 8 = 86
48 − 9 = 39
84 − 9 = 75

❹ 7 5 2
52 − 7 = 45
25 − 7 = 18
72 − 5 = 67

❺ 8 5 2
25 − 8 = 17
52 − 8 = 44
82 − 5 = 77

❻ 3 6 7
36 − 7 = 29
63 − 7 = 56
73 − 6 = 67

402 사탕셈

● 위에서 아래로, 왼쪽에서 오른쪽으로 뺄셈을 하시오.

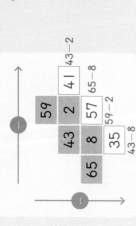

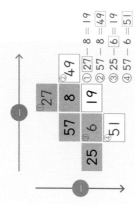

● 빈칸에 알맞은 수를 써넣으시오.

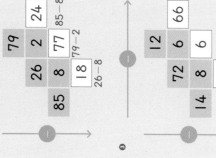

① 27 − 8 = 19
② 57 − 8 = 49
③ 25 − 6 = 19
④ 57 − 6 = 51

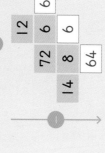

순서를 생각하며 문제를 해결합니다.

① 34 − 6 = 28
② 70 − 6 = 64
③ 70 − 9 = 61
④ 37 − 9 = 28

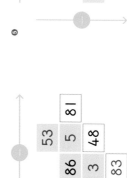

403 큰 차 작은 차

● 숫자 카드 중 세 장을 사용하여 뺄셈식을 완성하시오.

5 4 3 9
큰 차 : $9\ 5 - 3 = 92$
작은 차 : $3\ 4 - 9 = 25$

❷ 3 7 9 1
큰 차 : $9\ 7 - 1 = 96$
작은 차 : $1\ 3 - 9 = 4$

❹ 6 8 2 7
큰 차 : $8\ 7 - 2 = 85$
작은 차 : $2\ 6 - 8 = 18$

❶ 6 8 7 2
큰 차 : $8\ 7 - 2 = 85$
작은 차 : $2\ 6 - 8 = 18$

❸ 4 2 5 8
큰 차 : $8\ 5 - 2 = 83$
작은 차 : $2\ 4 - 8 = 16$

❺ 3 4 2 9
큰 차 : $9\ 4 - 2 = 92$
작은 차 : $2\ 3 - 9 = 14$

가장 큰 차를 만들 때에는 숫자 카드로 만드는 가장 큰 두 자리 수에서 가장 작은 한 자리 수를 빼면 됩니다.

가장 작은 차를 만들 때에는 숫자 카드로 만드는 가장 작은 두 자리 수에서 가장 큰 한 자리 수를 빼면 됩니다.

● 숫자 카드 중 세 장을 사용하여 (두 자리 수) − (한 자리 수) 계산을 할 때 가장 큰 차와 가장 작은 차를 구하시오.

8 3 4 5
가장 큰 두 자리 수 : 85
가장 작은 한 자리 수 : 3
가장 큰 차 : 85 − 3
큰 차 : $85 - 3 = 82$
작은 차 : $34 - 8 = 26$

❶ 4 6 3 5
가장 작은 두 자리 수 : 34
가장 큰 한 자리 수 : 3
가장 작은 차 : 65 − 3
큰 차 : $65 - 3 = 62$
작은 차 : $34 - 6 = 28$

❷ 7 4 3 8
가장 작은 두 자리 수 : 34
가장 큰 한 자리 수 : 6
가장 작은 차 : 34 − 6
큰 차 : $87 - 3 = 84$
작은 차 : $34 - 8 = 26$

❸ 2 9 7 5
큰 차 : $97 - 2 = 95$
작은 차 : $25 - 9 = 16$

❹ 6 1 7 4
큰 차 : $76 - 1 = 75$
작은 차 : $14 - 7 = 7$

❺ 6 7 5 4
가장 작은 두 자리 수 : 34
가장 큰 한 자리 수 : 8
가장 작은 차 : 34 − 8
큰 차 : $76 - 4 = 72$
작은 차 : $45 - 7 = 38$

5 주차

404 사다리 타기

● 빈칸에 알맞은 수를 써넣으시오.

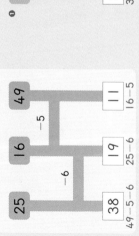

49　　16　　25
－5　　－6
11　16－5　　19　25－6　　38　49－5－6

❷
73　　82　　57
－7　　－4
46　　66　　78

❹
39　　41　　90
－6　　－2
35　　88　　31

❶
61　　38　　74
－8　　－1
65　74－1－8　　53　61－8　　37　38－1

❸
95　　26　　14
－9　　－3
17　　11　　83

❺
84　　52　　67
－5　　－7
55　　79　　45

● 빈칸에 알맞은 수를 써넣으시오.

❶
27　　56　　41
－9　　－3
29　41－3－9　　18　　53　56－3

❸
32　　75　　60
－8　　－1
67　　59　27－9　　23

❺
14　　96　　83
－5　　－7
71　　9　　89

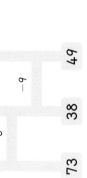

✤ 빈칸에 알맞은 수를 써넣으시오.

67　　68　　38
－4　　－5
64　68－4　　33　38－5　　58　67－4－5

❷
99　　14　　54
－7　　－2
45　　92　　12

❹
64　　79　　47
－6　　－9
73　　38　　49

잘 공부했는지 알아봅시다

월 일

1 숫자 카드 중에서 세 장을 사용하여 계산 결과가 가장 작은
(두 자리 수) − (한 자리 수)를 구하시오. **24 − 7 = 17**
숫자 카드 중에서 두 장을 골라 만들 수 있는 가장 작은 수에서 가장
큰 한 자리 수를 빼면 됩니다.

3 **4** − **7** = 27

2 숫자 카드를 사용하여 계산 결과에 맞는 뺄셈식을 만드시오.

❶

❷

6 **4** − **9** = 55

3 빈칸에 알맞은 수를 써넣으시오.

❶

❷

⑥ 주차

405　관계셈

● 덧셈식을 보고 뺄셈식을 두 개 만드시오.

①
17+2=19
19-2=17
19-17=2

②
61+4=65
65-4=61
65-61=4

③
43+5=48
48-5=43
48-43=5

④
72+7=79
79-7=72
79-72=7

⑤
89-6=83
6+83=89
83+6=89

⑥
98-8=90
8+90=98
90+8=98

● 뺄셈식을 보고 덧셈식을 두 개 만드시오.

⑤
56-3=53
3+53=56
53+3=56

⑤
27-5=22
5+22=27
22+5=27

⊕ 주어진 수를 사용하여 덧셈식과 뺄셈식을 각각 두 개씩 만드시오.

부분 ①과 부분 ②를 더
해 전체가 되는 덧셈식
은 전체에서 부분 ①을
빼면 부분 ②가 남는 뺄
셈식, 부분 ②를 빼면 부
분 ①이 남는 뺄셈식으로
가지를 만들 수 있습니
다. 역으로 뺄셈식으로
덧셈식 두 개를 만들 수
있습니다.

1 27 28
1+27=28
27+1=28
28-27=1
28-1=27

①
6 33 39
6+33=39
33+6=39
39-6=33
39-33=6

②
5 61 66
5+61=66
61+5=66
66-5=61
66-61=5

③
7 82 89
7+82=89
82+7=89
89-7=82
89-82=7

④
9 86 95
9+86=95
86+9=95
95-9=86
95-86=9

406 써클셈

● 안에 알맞은 수를 써넣으시오.

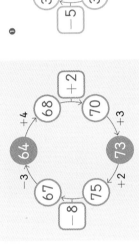

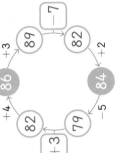
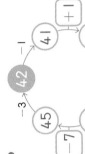
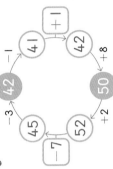
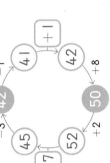

♣ 빈칸을 알맞게 채우시오.

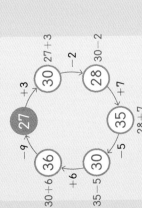
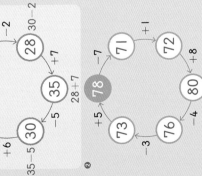
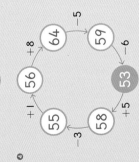
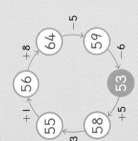
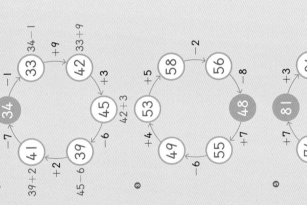

❻ 주차

407 카드 지우기

P.62

● 옳은 식이 되도록 카드 한 장을 /로 지우시오.

숫자 카드를 한 장씩 지우면서 개선해 봅니다.

$7\ 9\ +\ \cancel{5}\ 8\ =\ 8\ 7$
$79+8=87$

① $6\ 4\ -\ \cancel{/}\ 7\ =\ 5\ 7$
$64-7=57$

② $\cancel{/}\ 6\ +\ 4\ 5\ =\ 5\ 1$

③ $\cancel{5}\ 9\ 3\ -\ 6\ =\ 8\ 7$

④ $3\ \cancel{/}\ +\ 1\ 8\ =\ 2\ 1$

⑤ $7\ 2\ -\ \cancel{3}\ 4\ =\ 6\ 8$

⑥ $5\ 7\ +\ 3\ \cancel{/}\ =\ 6\ 0$

⑦ $8\ \cancel{/}\ 4\ -\ 6\ =\ 7\ 8$

⑧ $6\ \cancel{/}\ 5\ +\ 7\ =\ 7\ 2$

⑨ $2\ 1\ -\ 9\ =\ \cancel{/}\ 1\ 2$

⑩ $5\ 4\ -\ \cancel{/}\ 7\ =\ 4\ 7$

⑪ $5\ 2\ +\ 9\ \cancel{/}\ =\ 6\ 1$

P.63

● 옳은 식이 되도록 숫자 하나를 /로 지우고 바른 식을 쓰시오.

숫자를 하나씩 지우면서 개선해 봅니다.

$26+\cancel{7}5=31$
$26+5=31$

① $34+89=92$
$3+89=92$

② $74\cancel{5}-6=68$
$74-6=68$

③ $18+\cancel{3}7=25$
$18+7=25$

④ $62+\cancel{2}5=67$
$62+5=67$

⑤ $43\cancel{6}-9=34$
$43-9=34$

⑥ $\cancel{8}7+54=61$
$7+54=61$

⑦ $28+3\cancel{6}=31$
$28+3=31$

⑧ $6\cancel{/}4-8=56$
$64-8=56$

⑨ $\cancel{7}29-6=23$
$29-6=23$

⑩ $4\cancel{/}+79=83$
$4+79=83$

⑪ $5\cancel{8}7-9=48$
$57-9=48$

● 두 수의 합과 차를 □ 안에 써넣으시오.

61
53 8
45
53+8
53−8

① 25 / 21 4 / 17 (21+4, 21−4)
② 76 / 67 9 / 58
③ 51 / 48 3 / 45
④ 16 / 13 3 / 10
⑤ 81 / 75 6 / 69
⑥ 93 / 86 7 / 79
⑦ 37 / 32 5 / 27
⑧ 103 / 94 9 / 85
⑨ 76 / 68 8 / 60
⑩ 74 / 70 4 / 66
⑪ 45 / 43 2 / 41

● 합과 차에 맞게 두 수를 구하여 큰 수부터 차례로 써넣으시오.

46
37 9
28
합이 46인 두 수 중에서 차가 28인 두 수를 찾습니다.

① 65 / 61 4 / 57
합이 65인 두 수 중에서 차가 57인 두 수를 찾습니다.

② 22 / 15 7 / 8
③ 47 / 42 5 / 37
④ 98 / 96 2 / 94
⑤ 84 / 78 6 / 72
⑥ 67 / 59 8 / 51
⑦ 92 / 83 9 / 74
⑧ 27 / 24 3 / 21
⑨ 38 / 37 1 / 36
⑩ 72 / 65 7 / 58
⑪ 34 / 26 8 / 18

⑥ 주차

잘 공부했는지 알아봅시다

1 수 카드 72 , 8 , 64 를 사용하여 덧셈식 두 개를 만드시오.

64＋8＝72, 8＋64＝72

2 수직선을 보고 덧셈식 두 개와 뺄셈식 두 개를 만드시오.

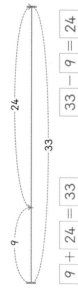

9 ＋ 24 ＝ 33		33 － 9 ＝ 24
24 ＋ 9 ＝ 33		33 － 24 ＝ 9

수직선에서 전체는 33이고 부분은 9과 24입니다. 덧셈식은 두 부분의 합이므로
9＋24＝33 또는 24＋9＝33
뺄셈식은 전체에 부분을 빼면 나머지 다른 부분이므로 33－9＝24 또는 33－24＝9

3 옳은 식이 되도록 카드 한 장을 /로 지우시오.

① 6 4 ＋ 7̸ 8 ＝ 7 2

64＋8＝72

② 5 2 － 7 7̸ ＝ 4 5

카드를 한 장씩 지워가며 계산해 봅니다.
52－7＝45

4 두 수 ●와 ■의 합은 32이고, ●와 ■의 차는 16입니다. 두 수를 각각 구하시오.

●＋■＝32
●－■＝16

● ＝24
■ ＝8

●와 ■의 합이 32이고, ●와 ■의 차를 찾아봅니다.

●＋■가 32가 되는 두 수를 찾아서 두 수의 차를 알아봅니다.

30	28	26	24	22	20	18	16
(31,1)	(30,2)	(29,3)	(28,4)	(27,5)	(26,6)	(25,7)	(24,8)

409 한 식 문장제

● 문제에 맞게 식의 □ 안에 알맞은 수를 써넣으시오.

배구공이 14개, 농구공이 9개 있습니다. 공은 모두 몇 개 있습니까?

식 : $14 + 9 = 23$ (개)

① 민주는 선생님께 칭찬 스티커를 46개 받았습니다. 소희가 민주보다 8개 더 받았습니다. 소희가 받은 칭찬 스티커는 몇 개입니까?

식 : $46 + 8 = 54$ (개)

② 태희는 어제까지 종이학 52개를 접었고, 오늘은 종이학 5개를 접었습니다. 태희가 접은 종이학은 모두 몇 개입니까?

식 : $52 + 5 = 57$ (개)

③ 감나무에 감 71개가 열렸습니다. 민지네 가족이 감 4개를 남기고 모두 땄습니다. 민지네 가족이 딴 감은 모두 몇 개입니까?

식 : $71 - 4 = 67$ (개)

④ 승기 어머니는 37살이고, 승기는 9살입니다. 어머니와 승기의 나이 차이는 몇 살입니까?

식 : $37 - 9 = 28$ (살)

월 일

● 식과 답을 쓰시오.

오렌지가 35개, 사과가 9개 있습니다. 오렌지는 사과보다 몇 개 더 있습니까?

식 : $35 - 9 = 26$ 답 : 26 개

① 민주는 어제 윗몸일으키기를 47번 하였습니다. 오늘은 어제보다 6번 더 하였습니다. 민우는 오늘 윗몸일으키기를 몇 번 하였습니까?

식 : $47 + 6 = 53$ 답 : 53 번

② 동생은 딱지 29개를 가지고 있고, 형은 동생보다 딱지를 3개 더 가지고 있습니다. 형이 가진 딱지는 모두 몇 개입니까?

식 : $29 + 3 = 32$ 답 : 32 개

③ 85보다 7 작은 수는 얼마입니까?

식 : $85 - 7 = 78$ 답 : 78

④ 도서관에는 동화책이 54권, 과학책이 8권 있습니다. 동화책은 과학책보다 몇 권 더 많습니까?

식 : $54 - 8 = 46$ 답 : 46 권

410   ☐ 문장제

● ☐를 사용하여 알맞은 식을 쓰시오. 밑줄 친 말을 ☐로 나타냅니다.

모르는 어떤 수를 ☐로
사용하여 나타내면 무엇
을 구해야 하는지 문장
하 알 수 있습니다.

☐를 사용한 식을 쓰고 답을 구하시오.

양계장의 닭들이 지난달에는 달걀을 65개 낳았고, 이번달에는 지난달보다
몇 개를 더 낳아서 모두 71개가 되었습니다.

식 : $65 + \boxed{} = 71$

과일 가게에서 키위를 46개, 수박을 몇 개 팔았습니다. 과일을 모두 52개 팔
았다면, 수박은 몇 개 팔았습니까?

식 : $46 + \boxed{} = 52$ 답 : 6 개

❶ 교실에 여학생 몇 명과 남학생 9명이 있는데 모두 21명입니다.

식 : $\boxed{} + 9 = 21$

❶ 천호는 어제까지 과학책을 몇 쪽까지 읽었습니다. 오늘 6쪽을 더 읽어 92쪽
까지 읽었습니다. 어제까지 몇 쪽을 읽었습니까?

식 : $\boxed{} + 6 = 92$ 답 : 86 쪽

❷ 진호는 카드 38장을 가지고 있었는데 누나가 몇 장을 더 주어 모두 43장이
되었습니다.

식 : $38 + \boxed{} = 43$

❷ 진우는 12살입니다. 진우는 몇 년 후에 20살이 됩니까?

식 : $12 + \boxed{} = 20$ 답 : 8 년

❸ 풀밭에 토끼가 몇 마리 있었는데 그중 5마리가 다른 곳으로 가서 57마리가
남았습니다.

식 : $\boxed{} - 5 = 57$

❸ 양계장의 닭들이 오늘 달걀을 몇 개 낳았습니다. 그중에서 9개를 먹고 남은 달
걀이 22개입니다. 오늘 낳은 달걀은 몇 개입니까?

식 : $\boxed{} - 9 = 22$ 답 : 31 개

❹ 지원이는 사탕을 23개 가지고 있었습니다. 동생에게 몇 개를 주었더니 15개
남았습니다.

식 : $23 - \boxed{} = 15$

❹ 개미집에 74마리의 개미가 있었습니다. 개미가 몇 마리 밖으로 나갔더니 69마리 남았
습니다. 밖으로 나간 개미는 몇 마리입니까?

식 : $74 - \boxed{} = 69$ 답 : 5 마리

411 세 수 문장제

● 문제에 맞게 식을 만든 것입니다. □ 안에 알맞은 수를 써넣으시오.

아버지께서는 사탕을 지원이에게 18개, 형에게 7개, 누나에게 8개를 주셨습니다. 아버지께서 나누어주신 사탕은 모두 몇 개입니까?

식: 18 + 7 + 8 = 33 (개)
지원   형   누나

❶ 빨간색 색종이가 7장 있고, 노란색 색종이는 빨간색 색종이보다 9장 더 많습니다. 색종이는 모두 몇 장입니까?

식: 7 + 7 + 9 = 23 (장)
빨간색 색종이   노란색 색종이

❷ 저금통 안에 500원, 100원, 50원짜리 동전이 모두 41개 있습니다. 500원짜리가 5개, 100원짜리가 8개 있다면 50원짜리 동전은 몇 개입니까?

식: 41 - 5 - 8 = 28 (개)

❸ 선재는 구슬 62개를 가지고 있습니다. 선재는 누나에게 구슬 3개를, 동생에게 4개를 주었습니다. 선재에게 남은 구슬은 몇 개입니까?

식: 62 - 3 - 4 = 55 (개)

❹ 25명이 타고 있던 버스에 첫 번째 정류장에서 6명이 타고, 두 번째 정류장에서 8명이 내렸습니다. 버스에 타고 있는 사람은 모두 몇 명입니까?

식: 25 + 6 - 8 = 23 (명)

● 식과 답을 쓰시오.

지금 문고를 만들기 위해 책을 모으고 있습니다. 동화책은 53권, 위인전은 6권, 과학책은 4권 모았습니다. 책은 모두 몇 권이 되었습니까?

식: 53 + 6 + 4 = 63   답: 63 권

❶ 공깃돌을 현우는 18개, 민주는 7개, 소연이는 6개를 모았습니다. 세 사람이 모은 공깃돌은 모두 몇 개입니까?

식: 18 + 7 + 6 = 31   답: 31 개

❷ 빨간색 구슬이 27개, 파란색 구슬이 6개 있습니다. 노란색 구슬이 빨간색 구슬과 파란색 구슬을 더한 것보다 8개 적다면 노란색 구슬은 몇 개입니까?

식: 27 + 6 - 8 = 25   답: 25 개

❸ 코끼리 열차에 43명이 타고 있었습니다. 동물원에서 8명이 내리고 식물원에서 9명이 내렸습니다. 지금 코끼리 열차에 타고 있는 사람은 몇 명입니까?

식: 43 - 8 - 9 = 26   답: 26 명

❹ 쿠키 상자에 쿠키가 80개 들어 있었습니다. 진세는 쿠키 5개를, 하제는 쿠키 2개를 먹었습니다. 남은 쿠키는 모두 몇 개입니까?

식: 80 - 5 - 2 = 73   답: 73 개

7 주차

412 어떤 수 구하기

□를 사용한 식으로 나타내시오.

어떤 수를 □로 나타냅니다.

어떤 수에 7을 더하였더니 65가 되었습니다.

식 : $\boxed{}+7=65$

① 어떤 수에 5를 더하였더니 37이 되었습니다.

식 : $\boxed{}+5=37$

② 8에 어떤 수를 더하였더니 46이 되었습니다.

식 : $8+\boxed{}=46$

③ 어떤 수와 3의 차는 72입니다. 단, 어떤 수는 3보다 큽니다.

식 : $\boxed{}-3=72$

④ 22와 어떤 수의 차는 14입니다. 단, 어떤 수는 22보다 작습니다.

식 : $22-\boxed{}=14$

⑤ 81에서 어떤 수를 뺐더니 79가 되었습니다.

식 : $81-\boxed{}=79$

월 일

◆ 어떤 수를 구하고, 물음에 답하시오.

어떤 수에 7을 더해야 할 것을 잘못하여 9를 더하였더니 34가 되었습니다. 바르게 계산하면 얼마입니까?

어떤 수 : $\boxed{}+9=34,\ \boxed{}=25$

계산하기 : $25+7=32$

① 어떤 수와 5의 합은 49입니다. 어떤 수에 8을 더하면 얼마입니까?

어떤 수 : $\boxed{}+5=49,\ \boxed{}=44$

계산하기 : $44+8=52$

② 어떤 수에 7을 더해야 할 것을 잘못하여 빼었더니 41이 되었습니다. 바르게 계산하면 얼마입니까?

어떤 수 : $\boxed{}-7=41,\ \boxed{}=48$

계산하기 : $48+7=55$

③ 어떤 수에서 6을 뺐었더니 67입니다. 어떤 수와 8의 차는 얼마입니까?

어떤 수 : $\boxed{}-6=67,\ \boxed{}=73$

계산하기 : $73-8=65$

④ 어떤 수에서 2를 빼야 할 것을 잘못하여 6을 뺐더니 88이 되었습니다. 바르게 계산하면 얼마입니까?

어떤 수 : $\boxed{}-6=88,\ \boxed{}=94$

계산하기 : $94-2=92$

잘 공부했는지 알아봅시다

1 식으로 나타내고 답을 구하시오.

❶ 56보다 7 큰 수

$$56+7=63$$

❷ 81과 6의 차

$$81-6=75$$

2 슬이네 집에는 귤이 44개가 있었습니다. 오늘 가족들이 8개를 먹었다면 남은 귤은 몇 개입니까?

식 : $44-8=36$ 답 : 36 개

3 윤호는 목걸이를 만드는 데 34개의 구슬을 사용했습니다. 윤호가 사용한 구슬은 지훈이 사용한 구슬보다 8개가 많았다고 합니다. 지훈이 목걸이를 만드는 데 사용한 구슬은 몇 개인지 □를 사용한 식으로 나타내시오.

지훈이 목걸이를 만드는 데 사용한 구슬의 개수를 □로 놓습니다.

식 : $\boxed{}+8=34$

$$\underset{지훈}{\square}+8=\underset{윤호}{34}$$

4 버스에 35명이 타고 있었습니다. 정류장에 도착하여 7명이 내리고 9명이 탔습니다. 지금 버스에 타고 있는 사람은 몇 명입니까?

식 : $35-7+9=37$ 답 : 37 명

5 어떤 수에 7을 더해야 할 것을 잘못하여 뺐더니 76이 되었습니다. 바르게 계산한 답을 구하시오. 90

어떤 수를 □라 하면 □$-7=76$, □$=83$
바르게 계산하면, $83+7=90$

⑦ 7주차

⑧ 주차

413 계산기

● 계산기의 버튼을 차례로 눌렀습니다. 액정에 계산 결과를 써넣으시오.

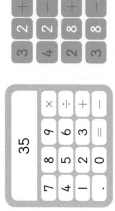

● 계산 결과에 맞게 버튼을 누르는 방법을 네 가지 쓰시오. 순서를 바꾸어 써도 됩니다.

414 대소셈

● □ 안에 들어갈 수 있는 수에 ○표 하시오.

47+□<51
47+③<51
47+4=51
47+5>51
③ 4 5

① 85+□>91
85+5<91
85+6=91
85+⑦>91
5 6 ⑦

② 26+□<32
④ 6 8

③ 54+□<62
⑦ 8 9

④ 79+□>84
3 5 ⑦

⑤ 38+□>42
1 4 ⑦

⑥ 63-□>57
9 7 ⑤

⑦ 21-□<19
1 2 ③

⑧ 41-□>35
9 6 ③

⑨ 92-□>88
7 4 ①

● 1에서 9까지의 수 중 □ 안에 들어갈 수 있는 수를 모두 쓰시오.

35+□<42
35+①<42
35+②<42
35+③<42
35+④<42
35+⑤<42
35+⑥<42
35+7=42
35+8>42
1, 2, 3, 4, 5, 6

① 62+□<65
62+①<65
62+②<65
62+3=65
62+4>65
62+5>65
1, 2

② 49+□<53
1, 2, 3

③ 27+□>31
5, 6, 7, 8, 9

④ 58+□>65
8, 9

⑤ 16+□>22
7, 8, 9

⑥ 72-□<69
4, 5, 6, 7, 8, 9

⑦ 81-□<74
8, 9

⑧ 39-□>35
1, 2, 3

⑨ 65-□>61
1, 2, 3

415 트럼프셈

● 같은 모양은 같은 수를 나타냅니다. □ 안에 알맞은 수를 써넣으시오.

15 + 8 = ♣ 23
♣ - 8 = ♠ 15
♠ + 3 = ♦ 18
♦ = 18

❶
43 - 4 = ♣ 39
♣ + 5 = ♠ 44
♠ - 3 = ♦ 41
♦ = 41

❷ 36 - 9 =
♣ + 4 =
♠ + 8 =
♦ = 39

❸ 48 + 7 =
♣ - 9 =
♠ + 7 =
♦ = 53

❹ 62 + 4 =
♣ - 5 =
♠ - 6 =
♦ = 55

❺ 74 + 8 =
♣ + 3 =
♠ + 8 =
♦ = 93

● 같은 모양은 같은 수를 나타냅니다. □ 안에 알맞은 수를 써넣으시오.

❶ 16 + 5 + 5 = ♣ 26
♣ + 6 + 3 = ♠ 23
♠ + 4 - 8 = ♦ 19
♦ = 19

❷ 24 + 9 - 2 =
♣ - 2 - 4 =
♠ + 9 + 3 =
♦ = 37

❸ 63 - 8 - 1 =
♣ + 8 - 3 =
♠ - 5 - 7 =
♦ = 47

❹ 71 - 3 - 5 =
♣ + 7 + 4 =
♠ + 3 - 4 =
♦ = 73

❺ 39 + 2 + 4 = ♣ 45
♣ + 5 + 7 = ♠ 57
♠ - 6 + 2 = ♦ 53
♦ = 53

❻ 88 - 4 + 9 =
♣ - 6 - 5 =
♠ + 8 + 1 =
♦ = 75

약속셈

416

● 약속에 맞게 계산한 것입니다. 빈칸에 알맞은 수를 써넣으시오.

① 약속
21●7=21+ 7 + 7
= 35
36●4= 36 + 4 + 4
= 44

② 약속
12■5=12− 5 + 12
= 19
15■6= 15 − 6 + 15
= 24

① 약속
32◇9=32+ 9 − 9
= 32
57◇8= 57 + 8 − 8
= 57

③ 약속
44△1=44− 1 − 1
= 42
36△3= 36 − 3 − 3
= 30

● 약속에 맞게 계산하시오.

⊕ 약속
24●3= 30   24+3+3
51●5= 61   51+5+5

① 약속
9◇7= 25   9+9+7
4◇23= 31   4+4+23

② 약속
14●7= 21
16●9= 23

③ 약속
27△4= 19
50△6= 38

④ 약속
42▽6= 42
53▽8= 53

⑤ 약속
38⊙5= 48
46⊙7= 60

⑧ 주차

잘 공부했는지 알아봅시다

월   일

1 I에서 9까지의 수 중에서 □ 안에 알맞은 수를 모두 구하시오. **8, 9**

$$70 - \boxed{} < 63$$

$70 - ⑨ < 63$
$70 - ⑧ < 63$
$70 - 7 = 63$
$70 - 6 > 63$
$70 - 5 > 63$

2 계산 결과에 맞게 계산기의 버튼을 누르는 방법을 네 가지 쓰시오.

7	8	9	×
4	5	6	÷
1	2	3	+
.	0	=	−

34

4	0	−	6	=
4	1	−	7	=
4	2	−	8	=
4	3	−	9	=

3 ◆가 나타내는 수는 얼마입니까? **38**

$27 + 8 = ♣_{35}$
$♠_{35} - 9 + 7 = ♠_{33}$
$♠_{33} + 8 - 3 = ♦_{38}$